KB167185

치즈 이야기

차례
Contents

치즈와 우리 낙농가

국내 6,000여 낙농가들이 40만 두의 젖소로부터 연간 생산하는 우유의 양은 약 200만 톤, 소비량은 300만 톤 수준이다. 연간 우유 생산량 200만 톤을 1kg당 1,000원 유대(乳代)로 환산하면 우유 1톤당 100만 원이므로 약 2조 원에 해당한다. 이 생산액을 낙농가의 수로 나누면 한 농가 당 평균 수입액은 약 3,300만 원, 우유 생산량은 연평균 33톤이 된다. 이를 기준으로 계산하면 한 두의 유우(乳牛)는 연간 평균 5톤의 우유를 생산하며 낙농가의 평균 사육두수는 66두가 된다. 물론 착유두수로 계산하지 않고 총 사육두수로 계산한 결과지만 상세한 통계자료와 비슷하게 맞아떨어진다.

그런데 수입 유제품으로 소비되고 있는 100만 톤에 해당하는 우유는 어찌해야 하는가? 소고기 시장에서도 한우가 50% 이하밖에 되지 않으며 돼지고기도 40만 톤의 소비량 가운데 절반가량이 슬그머니 수입 돼지고기로 채워지고 있지 않은가? 수입 유제품이 아직 1/3 수준밖에 되지 않으니 안심해도 된다고 말할 수 있을까? 수입 유제품이 곧 우리 소비시장을 장악할 날도 머지않은 것 같아 걱정이다.

우리나라의 우유 가공회사가 우유 및 유제품을 제조하는데 우리나라 낙농가가 생산한 원유를 100% 사용하고 있지 않은 상황은 익히 알고 있을 것이다. 우유 가공회사는 나름의 생존을 위해 값이 저렴한 원료 유제품을 찾기에 골몰하고 있다. 낙농가 입장에서 볼 때는 섭섭할지 모르나 경제적 원리로 볼 때는 당연한 전략이다. 우리 낙농가가 생산한 우유를 더 많이 사용하도록 유인하는 방법은 좋은 품질의 저렴한 우유를 더 많이 생산해 공급하는 것이다. 낙농가도 노력한 만큼의 이익이 생기고 우유회사도 만족할 만한 가격에 거래가 된다면 상호간 협력체계가 구축될 것이다. 그러나 낙농가들은 우유회사에 생산비에 비해 낮은 가격으로 우유를 판매해왔다고 믿고 있고 이러한 관계는 낙농산업 초기부터 계속되어 왔다. 어떻게 하면 생산자와 가공회사가 상호협력적인 가격체계를 확립할 수 있을까?

낙농가의 노력 중 두드러진 것으로 낙농가 스스로 제4의 수익창출 모델을 마련하는 예를 들 수 있다. 체험목장 운영과 체험 유가공장, 유제품을 생산하는 유가공장의 운영이 그것이다.

이는 잉여 원유의 부담을 우유 가공회사에 떠넘기지 않고 농가 스스로 해결하려는 의지에서 출발했다. 이러한 의지의 일환으로 낙농가들이 가장 관심을 가지고 교육받는 생산기술 분야는 바로 치즈다. 지금 치즈 제조기술을 배워 유럽과 같이 전통적으로 치즈를 제조하고 소비하는 나라의 치즈보다 더 우수한 치즈를 제조할 수 있을까?

하지만 필자는 지나친 걱정을 하지 않는다. 미국 안단테 (Andante dairy) 목장의 한국인 여성(Soyoung, Scanlan)이 프랑스 치즈 제조기술을 응용해 개발한 '음악이 있는 치즈'가 미국 소비자들에게 인기리에 판매되고 있다는 전문서적의 소개글을 본 적 있다. 치즈는 개발이 완료된 분야가 아니라 아직도 진행형이라는 점을 기억하고 나아간다면 우리 손으로 개발한 독창적인 치즈 제품이 세계시장에서 인기리에 판매될 날도 머지않을 것으로 확신한다.

치즈의 시작

치즈의 어원

치즈는 영어인 'cheese'를 그대로 사용하기 시작해 우리말처럼 사용하고 있는 용어다. 영어 외에 라틴어 'caseus'로부터 유래된 용어들로 이탈리아어 'cacio', 독일어 'käse', 네덜란드어 'kaas', 스페인어 'queso', 포르투갈어 'queijo'가 있으며 그리스어 'formos(버드나무 가지로 만든 바구니에서 숙성시킨 커드)'를 어원으로 하는 용어에는 이탈리아어 'fromaggio', 프랑스어 'fromage' 등이 있다.

치즈의 기원

인류가 언제부터 치즈를 만들기 시작하였는가에 대한 이야기는 1만여 년 전 면양과 산양이 가축화되기 시작할 무렵으로 거슬러 올라간다. 초기 유목민들이 풀을 찾아 이동할 때 양(羊)의 위(胃)로 만든 건조한 주머니를 가지고 다녔는데 여기에 담은 양유(羊乳)가 따뜻한 햇볕을 받으면서 오염된 미생물에 의해 자발적인 산성화가 이루어졌고, 위에 잔존하던 응유효소인 렌닌(rennin: 프로테아제의 일종으로 우유를 응고시키는 역할을 하는 효소)에 의해 응고되어 맑간 액체(유청)로 분리되었다는 설이 일반적이다. 이 설은 자연적으로 일어난 현상을 인류가 식품화하는 과정의 이야기가 되겠지만, 사실 식품으로 먹기 위해 제조를 하기 시작한 것과는 차이가 있다. 치즈를 만드는 목적 중 하나는 우유가 풍부한 여름철에 먹고 남은 우유를 저장해 건조 또는 염장한 육류, 건조 또는 발효한 과일과 채소, 곡류 등과 같이 겨울을 나기 위한 저장식품을 만들기 위한 것으로 보기도 한다.

이집트의 첫 번째 왕조인 호루스-아하(Horus-aha: 2대 왕, B.C. 3,000~2,800)의 고분에서 출토된 도기에서 치즈로 보이는 식품이 발견되었다고 한다. 그때부터 계산한다면 오늘날과 같이 응유, 유청 배출, 커드 압착, 가염, 숙성 및 포장으로 이루어지는 일련의 치즈 제조과정이 확립되기까지 참으로 유구한 세월이 흘렀으리라 짐작된다.

코루멜라 동상

치즈 제조의 기술은 구약성서를 포함한 고대 문학서에도 기록되어 있으며, 호메로스의 『오디세이아』에 기록된 바에 의하면 시칠리아 섬에 살던 외눈박이 거인인 키클롭스(Cyclops)가 면양과 산양의 젖을 가지고 커드(우유의 주단백질인 casein을 젖산균으로 응유한 것)를 만들어 버드나무 잔가지로 만든 바구니에 담아두었다고 한다. 또 그리스·로마 시대인 기원후 60~65년경 농업 저술가인 코루멜라(Corumella)는 어린양의 위에서 추출한 응유효소를 사용하였다고 전해진다.

중세시대에 이르러 수도승의 활약으로 지방의 기후조건에 적합한 치즈 제조법이 단계별로 세세하게 기록되기 시작했으나 당시는 아직 지금과 같은 시간단위나 온도단위 등이 완성되지 못한 시기이므로 '단단해질 때까지' '과열되지 않도록' 등의 경험적인 표현으로 기록·전수되었다고 한다.

우리나라 치즈의 태동

디디에르 세르반테스(한국명 지정환) 신부

1931년 벨기에에서 출생한 디디에르 세르반테스(Diddier Servantes)는 고국에서 어린 시절을 보내며 신부가 되기 위한 길

디디에르 세르반테스 신부

을 선택하게 된다. 아프리카와 한국 선교의 갈림길에서 한국행을 택한 디디에르 신부는 1957년 한국에서도 가장 가난한 지역인 임실군으로 부임하게 된다. 그리고 가난한 지역민들에게 경제적 도움을 주고자 공동구입 및 공동판매 등의 운동에 앞장서게 된다. 그러다 당시 지역민들이 소규모로 사육하고 있던 산양의 젖을 이용해 어떻게 하면 수익을 얻을 수 있을까 생각하고 치즈를 만들기로 작정한다. 그러나 디디에르 신부도 치즈를 먹을 줄만 알고 만드는 방법은 알지 못했다. 반복적인 실패 끝에 가족과 친지들의 도움으로 유럽으로 되돌아간 디디에르 신부는 프랑스의 포르 뒤 살뤼(Port du Salut), 까망베르(Camembert) 등의 치즈 제조기술을 연수하고 돌아온다. 이때 응유효소인 렌넷(rennet: 송아지나 양의 위에서 발견되는 효소. 치즈를 만들 때 우유를 응고시키는 역할)에 대한 지식도 알게 된다.

디디에르 신부는 1967년 당시 보잘 것 없는 시설을 갖추고 지역 낙농가들과 함께 치즈제조를 시작하게 된다. 이것이 한국에서 처음으로 치즈를 제조하게 된 역사의 시작이었다. 하지만 제조한 치즈를 판매할 곳이 없어 지역민들의 경제적 어려움은 계속되는데 마침 외국인이 머물던 서울의 한 호텔에서 품질 테스트를 거쳐 처음으로 생산주문을 받게 된다. 첫 주문량은

3,215kg 정도로 임실치즈의 생산시설로는 생산하기 벅찬 양이었다. 기쁨에 찬 디디에르 신부는 비로소 희망의 무지개를 보게 되었다.

임실치즈

1976년 피자치즈 품질테스트에 합격한 임실치즈가 판매되기 시작한 지 어언 30여 년, 임실치즈는 치즈를 전문적으로 생산하는 한국의 대표 치즈생산업체로 자리를 잡게 되었다. 1967년 임실치즈가 디디에르 신부의 도움으로 처음 생산한 치즈의 종류는 프랑스 치즈인 포르 뒤 살뤼, 까망베르와 체다(Cheddar), 모짜렐라(Mozzarella) 등이었다. 그로부터 7년 후인 1974년 서울우유협동조합에서 체다 치즈를 본격 생산하기 시작하였고, 국내 처음으로 삼양유업(현 대관령우유)에서 가공치즈를 생산하게 되었다. 1984년에는 모짜렐라를 피자치즈의 형태로 생산하기 시작하였다. 1987년과 1989년에는 해태유업에서 미군 PX치즈와 같은 형태인 GBM 방식의 낱개포장 슬라이스

가공치즈를, 남양유업에서 Natec식 낱개포장 슬라이스 가공치즈를 생산하면서 본격적인 치즈 소비시대에 접어들게 된다.

초창기 시절 치즈 제조 현장

목장형 치즈

한국에서 우유 생산량이 소비량을 추월하게 되자 반값의 유대(乳代)를 받고 판매하는 잉여우유(surplus milk)라는 용어가 탄생했다. 사료비에도 못 미치는 가격으로 우유회사에 우유를 판매하게 된 낙농가들은 잉여우유의 부가가치를 높일 수 있는 방안으로 직접 유제품을 가공하겠다는 의지를 품게 되었다. 그리고 농협중앙회에서 지원하는 유제품 가공기술 교육을 받은 200여 낙농가들이 일정 수준의 치즈제품을 생산할 수 있게 되면서 2006년부터 국립축산과학원의 지원으로 치즈워크숍과 치즈품평회를 개최해오고 있다.

치즈품평회에서 금상을 수상한 까망베르 치즈
(유레카 목장)

치즈 제조에 없어서는 안 될 재료 두 가지

우유를 응고시키는 렌넷(rennet)

액체인 우유가 고체의 커드로 변하는 데는 매우 과학적인 설명이 필요하다. 그 변화의 핵심이 되는 물질은 단백질이다. 우유 단백질은 크게 단순한 저장 단백질인 '카제인(casein)'과 생리적 기능을 가진 '유청 단백질'로 나눈다. 우유 단백질을 구성하는 카제인의 종류는 다시 $\alpha_{s1}-$, $\alpha_{s2}-$, $\beta-$, $\kappa-$케이신 등 네 가지로 나눈다. 그중에서 카파(κ)-케이신은 친수성(親水性)의 아미노산을 많이 가지고 있어 수용액에서 단백질 마이셀(micelle: 중합체)의 표면에 존재하면서 다른 카제인을 보호하는 역할을 한다. 카파-케이신의 보호 기능을 상실케 하는 물질은 단백질 분해

효소인 렌넷(rennet: 효소명 chymosin과 pepsin의 혼합물)이다. 카이모신(Chymosin)은 카파-케이신을 구성하는 아미노산 사슬의 105번째와 106번째 아미노산인 메치오닌과 페닐알라닌 결합만을 분해하는데 그 보호기능을 파괴되면 나머지 카제인들은 물을 싫어하여 다른 마이셀에 있던 케이신들과 서로 결합하게 되는데 이 결합물이 커드(curd)인 것이다.

렌넷은 포유동물의 위에 존재하면서 우유 단백질을 분해하여 어린 송아지가 성장하는 데 필요한 아미노산을 공급하게 된다. 물론 이 사실은 신생아에게도 동일하게 적용된다. 엄마의 젖을 다 먹은 어린아이를 트림을 제대로 시켜주지 않으면 몽글몽글한 커드를 토하는 것을 쉽게 볼 수 있다. 어린아이의 위에 들어간 젖은 곧바로 분해되어 소화과정을 시작하게 되므로 그런 의미에서 렌넷은 '소화효소'라고 할 수 있겠지만 유가공 기술에서는 '응유효소(milk clotting enzyme)'라고 부른다.

우유를 커드로 만드는 데 적합한 응유효소는 바로 어린 송아지의 제4위에서 추출한다. 그리스에서는 어린 송아지가 이유하기 전에, 스페인에서는 포유 4주 때까지의 송아지에서, 이탈리아에서는 25~30일령의 송아지로부터 추출한다. 렌넷은 송아지 도체로부터 제4위를 분리해 45일간 건조시킨 후 소금물로 하루 동안 단백질 분해효소를 추출해 액상 렌넷을 만들거나 분쇄한 뒤 소금과 혼합해 분말로 만든다.

치즈 발효의 시작, 젖산균

치즈를 제조하는 데 중요한 또 하나의 재료는 젖산을 만들어 내는 젖산균이다. 젖산균을 우유나 탈지유에 잘 길러낸 배양물을 스타터 컬처(starter culture)라고 부른다. 젖산균에는 우유에서 발견되었다는 의미의 이름인 'Lactococcus lactis(lact-는 우유, coccus는 구형의 미생물이라는 뜻)' 또는 크림에서 발견하였다는 의미의 이름인 'Lactococcus cremoris(crem-은 크림이라는 뜻)'가 있다. 한편 스위스 치즈나 이탈리아 치즈를 제조하는 젖산균에는 'Lactobacillus bulgaricus(bacillus는 막대기 형태, bulgaricus는 불가리아라는 뜻)'와 'Streptococcus thermophilus(strepto는 연쇄상, thermophilus는 뜨거운 온도를 좋아한다는 뜻)'가 주로 사용된다.

젖산은 커드가 형성된 후 매우 중요한 역할을 하게 된다. 젖산은 단백질을 점점 응축하게 만들어 커드로부터 수분이 배출될 수 있도록 하는 역할을 하며 커드가 서로 연합되면서 신축성이 있는 물성을 갖는 덩어리 형태의 커드 매트가 되도록 하는 데 영향을 준다. 커드로부터 얼마나 빠르게, 얼마나 많은 양의 수분을 배출하는지가 치즈의 수분 함량과 품질을 결정하는 중요한 요인이 된다. 숙성 중 젖산은 비정상적인 발효를 일으킬 가능성이 있는 미생물을 사멸시키는 역할이나 프로피온산 박테리아의 먹이가 되어 프로피온산과 가스를 동시에 만들어 치즈 내부 조직에 영향을 주기도 하며 치즈의 맛을 조화롭게 하는 역할도 한다.

치즈의 분류

치즈 분류의 다양한 기준

치즈의 종류가 매우 많다 보니 "어떤 기준으로 치즈를 구분할 수 있는가?"라는 질문이 생기게 마련이다. 가장 흔한 방법은 수분 함량에 따라 구분하는 것이다. 이 방법은 치즈의 단단한 정도와 관련지어 생각해보면 가능하다.

수분 함량이 70%가 넘는 연질(soft) 치즈는 손으로 조금만 세게 만지면 유청이 흘러나올 정도로 연한 조직감이 느껴지며 수분 함량이 25% 이내인 초경질(extra hard) 치즈는 단단한 돌덩어리 같아서 칼로 자르기도 어려워 강판으로 부스러기를 만들어 사용한다. 치즈를 절단하기에 좋은 상태인 단단하면서도 탄력적인 조직감을 갖는 치즈들은 수분 함량이 보통 45~55% 정도다.

또 다른 분류 방법으로 표면에 곰팡이가 있는 것, 내부에 곰팡이가 자라는 것, 곰팡이가 전혀 없는 것으로 나눌 수도 있다. 치즈를 만드는 원료우유의 축종에 따라 물소의 젖으로 만든 것, 산양이나 면양의 젖으로 만든 것, 젖소의 젖으로 만든 것도 치즈를 구분하는 기준이 된다. 지역에 따라 말의 젖, 낙타의 젖 또는 야크(Yak)의 젖으로 치즈를 만들기도 한다.

조금 더 세분하여 분류하면 젖산균과 렌넷(rennet)을 사용하는지 아니면 유기산을 사용해 우유를 응고시키는지도 고려해 볼 수 있으며, 스타터미생물(발효미생물)로 사용하는 젖산균의 생리적 특성에 따라 고온성 젖산균을 사용하는지 아니면 중온성 젖산균을 사용하는지 아니면 추가적으로 프로피온산(Propionibactrium shermannii)균을 첨가하는지도 치즈를 세부적으로 분류하는 기준이 되기도 한다.

치즈를 숙성하는 기간도 분류의 기준이 될 수 있다. 숙성을 하지 않고 신선한 커드 상태로 소비하는지(young cheese), 아니면 최상의 맛을 가지는 일정기간 동안 소비하는 것인지(medium cheese), 아니면 치즈를 2~3년 정도 숙성 건조해 그레인(grain) 커드로 마치 양념처럼 사용하는지(extra old cheese) 등은 소비방법을 결정하는 데 영향을 준다. 이 특성은 요리할 때 고려해 볼 만한 것으로 신선한 커드 상태에서는 치즈가 유연성을 가지면서 잘 늘어나는 특성을 보이지만 오랫동안 숙성한 치즈는 퐁뒤(Fondu)

와 라클레트(Raclette) 치즈처럼 열에 잘 녹아내리는 특성을 가지기 때문이다.

성형한 치즈의 형태 및 크기도 중요한 분류기준이다. 원반형, 원통형, 정사각형, 계란형, 조롱박 모양, 두부 모양, 하트 모양, 고깔모자 모양, 쌀알 모양, 교회 종 모양, 마차바퀴 모양 등 여러 가지 모양이 있으며 AOC급의 치즈들은 모양과 크기를 엄격하게 제한하기도 한다.

황제의 치즈, 까망베르(Camembert)

까망베르 치즈는 기후가 온화하지만 비가 많이 오는 프랑스 북부 노르망디 지방이 원산지다. 이 지역은 까망베르 치즈 외에도 퐁트 레베크(Pont l'Eveque), 리바로(Livarot) 같은 치즈로도 유명하다. 까망베르 치즈는 부드럽고 납작한 원형의 치즈인데 치즈 표면에 흰 곰팡이가 자라면서 숙성된 치즈라는 점이 가장 큰 특징이다.

'황제의 치즈'라는 별칭은 다음과 같은 유래를 가지고 있다. 1798년 프랑스 혁명이 일어나자 로마 교회의 성직자들은 공화당에 의해 강제적으로 충성을 강요받았는데 이때 이러한 강요에 반대하고 도피 중이던 아베 고베르(Abbe Gobert) 신부가 까망베르 지역에 숨어들었고, 자신을 숨겨준 집 여주인 마리 하렐(Marie Harel)에게 고마움의 표시로 치즈 제조기술을 전수하였다. 마리 하렐의 손녀가 그 제조기술을 가업으로 전수받아 까망베르 치즈를 제조하였고, 이를 1885년 파리 만국박람회에 출품하였는데 박람회 주최국 원수였던 나폴레옹 황제(3세)가 그 맛을 칭찬하면서 손에 키스를 했다는 이야기다. 한편 나폴레옹 황제는 즉위식 때 마리 하렐의 손녀로부터 처음 '까망베르'라는 치즈 이름을 알게 되었으며 이때 기자들이 까망베르 치즈를 '황제가 좋아하는 음식'으로 소개하였고, 레스토랑에서도 '황제의 치즈'라는 이름으로 메뉴에 등장하게 되었다는 것이다.

농가형(fermier) 까망베르 치즈 분야에서는 1981년 프랑소와 뒤랑(François Durand)이라는 스무 살의 청년이 까망베르 지역을 약간 벗어난 지역에서 45두의 젖소로부터 일주일에 650개의 까망베르 치즈를 생산했으나 뛰어난 품질에도 불구하고 AOC(프랑스 농산품과 식료품 분야에서 법규로 통제하는 원산지 명칭) 등급을 부여받지 못했고, 1983년 까망베르 드 노르망디 (Camembert de Normandie) 치즈가 처음 AOC를 부여받았다.

AOC 로고

까망베르 치즈의 린드(rind: 치즈 표면의 얇은 표피)에는 얇은 흰색 곰팡이 페니실륨 까망베르티(Penicillium camemberti)가 자란다. 치즈 내부의 색상은 백색에서 연노랑에 가까운 색을 띤다. 더 숙성되면 중앙 부위는 백색으로 남아있지만 단백질이 반투명한 상태가 된다. 조직은 부드럽고 탄력성이 있으며 숙성이 덜 된 치즈는 약간 바스러지는 모습을 보이지만 잘 숙성된 치즈

상업적으로 생산된 까망베르 치즈 상품

는 탄력성이 있고 지방질의 조직을 갖는다. 풍미는 달콤한 버섯 냄새가 나며 약간의 알코올 향도 난다. 숙성된 것은 암모니아 냄새가 나기도 하며 표면은 짠 맛을 지닌 연한 버섯 맛을 지닌다. 숙성이 더욱 진행될수록 암모니아 냄새가 강해지고 과숙성이 되면 비누향이 나기도 한다.

그런데 현대에 들어서는 훌륭한 까망베르 치즈를 찾아보기가 꽤 어렵다고 한다. 2009년 임실고등학교에서 치즈 제조 시연 특강을 위해 한국을 방문한 프랑스 치즈 마스터(master)에 따르면 농가형 치즈에서는 일련의 표면 미생물이 계속적으로 출현해 하얀 곰팡이 밑에 주황색의 코리네박테리아(corynebacteria)가 자란다고 하면서 완벽한 풍미를 가진 치즈를 만드는 일이 얼마나 어려운 일인지 다시 한 번 상기시켜 주었다.

목장형 까망베르 치즈는 보통 지름이 11.5cm, 두께는 3cm 이고 100ℓ의 우유로부터 48개의 치즈가 생산된다. 조합(corpérative) 및 산업적으로 생산되는 까망베르 치즈는 AOC 지역 내에서 제조된 것을 21일간 숙성시킨 뒤 판매한다.

물소 젖으로 만든 모짜렐라(Mozzarella) 치즈

모짜렐라 치즈는 중세 시대에 이탈리아 나폴리 지역에서 처음 제조한 것으로 알려지고 있으며, 파스타 필라타(Pasta filata) 치즈의 하나다. '파스타 필라타'란 '열을 가하면 잘 늘어나는 치즈'라는 뜻이고, '모짜렐라'라는 용어는 치즈 작업자의 행동에서 비롯된 것으로 슬라이스 형태의 커드 덩어리를 손바닥 사이즈의 조각으로 만들어 손으로 성형하기에 적합한 크기인 100~300g 크기의 볼 형태로 만드는 모습을 표현한 것이다.

전통적인 프레시(fresh) 모짜렐라는 지금도 이탈리아에서 쉽게 찾아볼 수 있는데 물소(buffalo) 젖으로 만들기 때문에 부팔라(Bufala) 모짜렐라 치즈라고 한다. 치즈의 형태는 찐빵 모양이며 맑은 유청 또는 구연산을 첨가한 용액에 담겨 있어 조직이 훨씬 연하고 섬세한 맛을 가지고 있다. 프레시 모짜렐라는 얇고 부드러운 린드(rind)를 갖는 치즈가 좋은 치즈이며 이러한 린

드는 치즈 몸체에서 쉽게 벗겨지기도 한다. 공장에서 생산하는 모짜렐라는 주로 블록 형태로 성형되어 폴리에틸렌 필름으로 포장하는데 이러한 치즈를 피자(Pizza) 치즈라고도 한다.

후레시 모짜렐라 치즈

피자 치즈는 피자를 구울 때 타지 않고 채를 썰기 좋으며 일정하게 녹는 특성을 갖기 위해 수분 함량이 적고 균일한 품질을 지녀야 한다. 모짜렐라 치즈는 지방을 분리한 우유로 제조하여야 크림색을 지닌 백색 바탕에 온화하며 섬세한 맛을 갖는다. 부드러우면서도 조형성이 있는 질감은 다양한 형태로 처리하는 데 용이하다. 지방 함량에 따라 수분 함량이 적고 지방 함량이 높은 보통 모짜렐라, 수분이 적고 지방도 낮은 부분탈지 모짜렐라 등으로 구분하며 형태에 따라 블록, 슈레드(shred: 가늘고 긴 모양), 다이스(dice: 주사위 모양) 형으로 가공된다.

모짜렐라 치즈를 이용한 피자 만들기

모짜렐라 치즈의 잘 녹는 특성 때문에 피자 외에도 라자냐(lasagna), 라비올리(lavioli), 토스티드 치즈 샌드위치(a toasted cheese sandwich) 같은 뜨거운 요리용 치즈로 완벽함을 갖고 있다. 모짜렐라 치즈의 미묘한 맛은 모든 요리와 잘 어울린다. 샌드위치, 파스타, 마카로니 치즈 소스 등에도 사용되며 이탈리안 음식의 향미를 높여주는 올리브 오일, 후추 가루, 신선한 토마토, 안초비(Anchovy), 블랙 올리브 등과 함께 요리에 사용된다.

세계에서 가장 많이 소비되는 체다(Cheddar) 치즈

체다 치즈의 원산지는 영국 서머싯(Somerset) 지방의 체다 (Cheddar) 마을이라고 알려져 있으며 세계적으로 가장 많이 생산되고 있는 유명한 치즈다. 미국, 캐나다, 호주에서는 각자 국명을 체다 앞에 붙여 영국 체다와 구별하고 있다. 체다 치즈는 전지유(whole milk) 또는 부분 탈지유로 제조되는 경질(hard) 치즈이며 온화한 풍미와 독특한 감미가 있다. 부드러운 큐브(cube) 커드 상태의 커드를 연합(coalescent, fuse)시켜 유연한 덩어리 상태의 커드로 만들기 위해 커드를 쌓아놓고 일정 시간마다 커드를 뒤집어 주는 체다링(cheddaring)이란 공정이 있는 것이 특징이다. 숙성은 3~6개월, 또는 1년 이상 시킬 때도 있다. 치즈의 성분 조성은 수분 36~39%, 지방 32%, 단백질 22~25%, 식염 1.4 ~1.8%다.

미국식 체다 치즈에는 커드를 물로 씻어내는 공정이 있는 콜비(Colby) 치즈와 몬트레이(Menterey) 치즈가 있다. 이 치즈들은 커드 표면이 부서질 정도가 되었을 때 유청을 제거하고 찬물을 이용해 커드의 온도를 27℃로 낮추어 주기 때문에 수분 함량

(왼쪽부터) 영국 체다, 뉴질랜드 체다, 호주 체다, 미국 체다

이 39~40%로 비교적 높고 칼슘 함량은 다소 낮다. 숙성이 빠르며 풍미가 온화하고 플라스틱성이 강하다. 콜비 치즈는 전통적으로 단시간 압착을 실시하기 때문에 오픈 텍스처(open texture: 치즈 내부가 치밀하지 못하고 작은 틈새가 보이는 조직)를 갖는데 비해 몬트레이 치즈는 콜비 치즈와 유사한 점이 많지만 일반적으로 더 부드럽다.

먹는 방법에 따른 구분

구워먹는 치즈 (사이프러스 Halloumi 치즈)

음식을 요리하는 방법은 여러 가지지만 치즈를 구워먹는다는 것은 색다른 경험이 될 수 있다. 대부분 사람들은 치즈를 녹여먹는 것에 익숙해 녹지 않는 치즈라고 하면 신기하다는 생각부터 들 것이다.

과거에 종이를 코팅하는 재료가 단순했을 때는 우유 단백질인 카제인(casein)으로 종이를 코팅하면 고품질의 종이가 만들어졌다고 한다. 심지어는 옷의 단추도 카제인으로 만들었다고 한다. 다시 말해 변성되지 않은 카제인은 쉽게 녹거나 용해되지 않는다는 것이다. 대부분의 치즈 커드는 카제인을 분해한 후 불용성의 단백질을 커드로 만들어 치즈를 만드는 방식을 따르고 있다. 그러나 몇몇 치즈들은 카제인을 분해하는 응유효소(렌넷, 카이모신)를 첨가하지 않고 분해되지 않은 카제인으로 만드는 방식을 택하고 있다. 이와 같은 치즈들은 응유효소를 사용

실제 판매 중인 Halloumi 치즈

한 치즈와 달리 열에 의해서도 녹지 않는 성질이 있다. 이러한 것으로 키프로스(Cyprus)에서 즐겨먹는 할로우미(Haloumi) 치즈가 있다.

2007년 이탈리아의 섬 사르데냐(Sardenia)에서 '젖소 외 착유 동물인 면양과 산양에 관한 국제 심포지엄'이 개최된 적이 있다. 한국인으로서 혼자 참석하게 된 필자는 저녁 만찬 때 그리스 낙농인들과 함께 하게 되었는데 그중에는 할로우미 치즈에 관해 발표를 한 사이프러스 출신의 연사, 포티스 파파데마스(Photis Papademas) 박사도 있었다. 좋은 기회라 여겨 필자는 그동안 가장 궁금해 했던 치즈 생산과정에 대해 조심스럽게 물어보았는데 파파데마스 박사는 깜짝 놀라면서 "어떻게 한국인이 할로우미 치즈를 알고 있느냐?"고 반문하였다. 필자는 한 술 더 떠 사이프러스의 유청 치즈인 마노우리(manouri) 치즈에 대해서도 질문을 했더니, 치즈 무역일도 겸하고 있던 그는 당장 한국을 방문해야겠다며 흥분을 감추지 못한 일이 있었다.

녹여먹는 치즈 (스위스 Fondu 치즈와 Raclette 치즈)

스위스의 퐁뒤(Fondu) 요리는 매우 잘 알려진 치즈 요리다. 퐁뒤 치즈라는 치즈가 별도로 있는 것은 아니고 오랫동안 숙성된 여러 가지 종류의 스위스 치즈를 단독으로 또는 맛에 어울리게 섞어 은그릇의 냄비나 솥(pot)에 담고 알코올램프로 열을 가해 치즈를 녹인 후 여기에 마른 빵을 찍어 먹거나 발라 먹는다.

숙성하지 않은 치즈는 단백질이 충분히 분해되지 않아 잘 녹지 않는다. 소비자들의 편의를 위해 치즈를 균일하게 녹일 수 있도록 가공 치즈로 만들어 판매되는 퐁뒤 치즈가 있으므로 퐁뒤 치즈를 구입할 때는 자연 치즈인지 아니면 가공 치즈(주로 분말형태)인지를 확인할 필요가 있다.

치즈를 녹여 먹는 방법이 약간 다른 스위스 라클레트(Raclette) 치즈도 있다. 넓은 철판의 요리 용기 위에 치즈를 올려 놓고 열을 가하면 치즈 바닥이 녹아 흘러내리는 부분을 빵으

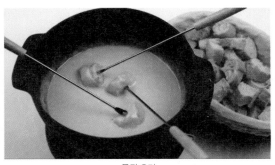

퐁뒤 요리

25

로 찍어 먹는다. 라클레트 치즈는 스위스 발리스(Wallis) 주에서 생산되는 특유의 치즈로 '라클레(lacler: 긁어내다)'라는 프랑스어에서 유래되었다. 발리스 주 콩셰(Conches), 바뉴(Bangnes), 아니베이에르(Aniveier), 오르지에르(Orsier) 마을에서 생산되는 라클레트 치즈는 그뤼예르(Gruyere) 치즈에 못지않은 명성을 가지고 있는데 발리스 주에 위치한 목장에서 소들이 즐겨 먹는 화초의 향이 치즈에 그대로 전달되기 때문이다. 전해 내려오는 이야기로는 화초가 변해 치즈가 되었다고 할 만큼 특유의 향이 있다.

라클레트 치즈 요리는 식탁용 요리로 식사를 마친 후 특별한 오븐에 치즈를 녹여 먹는데 나이프로 철판 끝에 흘러내린 치즈를 긁어내듯 떼어 먹는다. 보통 간단한 라끌레뜨 오븐을 손님들 가까이 두어 먹기 좋게 한다. 주로 껍질 채로 삶은 감자와 함께 먹는데 발리스 주에서 생산한 백포도주를 조금씩 곁들여 마시면 소화에 도움이 된다고 한다.

찢어먹는 치즈 (이탈리아 String 치즈)

국내에 처음 소개된 일명 '찢어먹는 치즈'는 어린이용 덴마크 치즈 제품이었다. 이탈리아 모짜렐라 치즈 제조기술이 낙농인에게 알려진 이후 체험형 목장이

스트링 치즈

나 치즈 생산을 전문으로 하는 목장에서 어린아이들이나 어른들에게 요즈음 매우 인기 있는 치즈이기도 하다. 어떻게 치즈가 일정한 방향으로 끊어지지 않고 실(string) 모양으로 길게 찢어지는 것일까? 이를 설명하기 위해서는 매우 과학적인 배경의 이해가 필요하다.

본래 우유 단백질은 세 개의 칼슘결합(tri-calcium)으로 존재하고 있는데 치즈를 만드는 과정에서 젖산균에 의해 젖산이 생성되어 커드의 수소이온농도가 pH 5.2~5.4에 이르게 되면 칼슘이온이 유리되기 시작해 하나의 칼슘결합 형태로 바뀌게 된다. 이러한 구조가 되면 끊어지지 않고 한 방향으로 길게 늘어나는 현상이 나타난다. pH가 그보다 높거나 낮으면 아예 늘어나지 않거나 쉽게 끊어진다. 과거에는 목장 유가공장에서 가끔씩 스트링이 끊어지는 실패를 겪었지만 최근에는 목장주들의 경험이 풍부해져 실패하는 경우가 거의 드물다.

최근 사회적으로 보도된 바 있는 우유 대신 카제인으로 제조한 치즈의 하나인 모조 치즈(콩단백질이나 다른 단백질로 치즈와 비슷한 물성과 풍미를 갖도록 만들어진 제품)도 동일한 pH 조건에서는 길게 늘어나는 특성을 갖는다. 이처럼 유연하면서도 쉽게 끊어지지 않는 특성을 이용해 머리를

동물 모양의 치즈

땋은 모양으로 만든 트레치아(Treccia) 치즈, 코끼리 등의 동물 모양으로 만든 애니멀레티(Animaletti) 치즈들이 이탈리아 모짜렐라 치즈공장에서 만들어지고 있다.

양념으로 체를 쳐서 먹는 치즈 (이탈리아 Parmesan 치즈)

이탈리아 파르마산(Parmesan) 치즈나 그라나(Grana) 치즈를 2년 이상 숙성하게 되면 너무 단단해져서 낟알(granule) 모양의 내부 치즈 덩어리들이 보이게 되고 치즈를 나이프로 절단하기 어려운 상태가 된다. 전통적인 식당에 가면 다양한 종류의 치즈들을 접시에 담아 카트로 밀고 손님에게 와서 손님이 원하는 향미와 맛을 가진 치즈를 가리키면 마치 후추를 갈아 뿌려주듯 치즈를 체로 쳐서 요리 위에 뿌려준다. 치즈 그레인 분말이 떨어져 녹아내리면 훌륭한 맛을 더하게 된다.

우리나라에서 피자를 먹기 시작하면서 초록색 통에 담긴 파메산 치즈를 뿌려 먹기 시작했는데 그게 바로 이 치즈다. 물론 고급의 자연산 파르마산 치즈가 아니라 파르마산 치즈가 첨가된 혼합 분말 수입품이긴 하지만 대부분의 소비자들은 이것을 자연산 파르마산 치즈로 알고 잘못 이용하고 있다.

이와 같이 그레인 형태로 소비하는 치즈에는 파르마산 치즈 외에도 로마노(Romano) 치즈, 아시아고(Asiago) 치즈 등이 있다. 파르마산 치즈는 그레이팅(grating: 분말 형태)에 가장 적합하며 입자 크기별로 그레이팅도 가능해 알프레도 소스에 혼합하는 미세한 그레이팅이나 시각적 효과를 높이기 위해 슈레드 형태로

파르미지아노 레지아노 치즈　　　　　페코리노 로마노 치즈

가공되기도 한다. 파르마산 치즈를 샐러드나 채소 요리에 사용하면 풍미를 더할 수 있으며 피자, 계란, 수프, 파스타에서 식미감(tasty)을 높여주는 토핑 재료가 된다. 영양적으로 볼 때 파르마산 치즈는 단백질과 칼슘, 비타민의 훌륭한 공급원이다.

파르미지아노 레지아노 치즈(Parmigiano Reggiano, 파르마산 치즈)는 이탈리아 치즈 제조의 전형으로 24개월 숙성 후부터 맛이 최고에 도달하는 30~36개월 후에 판매되며 파르마(Parma), 레지오 에밀리아(Reggio Emilia), 모데나(Modena) 및 볼로냐(Bologna)와 만토바(Mantova) 지역에서 주로 제조된다.

페코리노 로마노(Pecorino Romano) 치즈는 로마와 사르데냐섬 지역에서만 생산되는 치즈에 붙는 이름이며 양유를 원료로 제조된다. 파르마산 치즈보다 좀 더 얼얼한 맛이 나는 초경성 치즈다. 로마노 치즈는 풍미가 가득한 토핑과 수프, 캐서롤(casseroles: 오븐에 넣어 천천히 익혀 만드는 요리) 등에 주로 이용하며 보기 좋게 녹는 특성이 있다. 육류에는 양념으로도 좋으며 페스토(pesto: 이탈리아 음식 소스의 하나)와 토마토소스, 계란 요리에도 훌륭한 토핑 재료로 사용한다. 최근 건강을 의식하는 소비자들에게 단백질과 칼슘, 비타민을 공급원으로도 인식되고 있다.

아시아고(Asiago) 치즈는 이탈리아 빈센차(Vincenza) 지방과 트렌토(Trento) 지방에서 유래된 치즈이며 정식 명칭은 페코리노 아시아고(Pecorino di Asiago)로 그중에서 아시아고 달레보(Asiago d'Allevo) 치즈가 전형적인 것으로 알려져 있다. 아시아고 치즈는 실온에서 숙성시키는데 표면을 왁스로 처리하고 치즈 덩어리를 일정한 간격으로 뒤집어 주면서 올리브 오일을 발라 매끄럽고 유연한 껍질이 생기도록 해준다. 6개월 정도 숙성하면 단단하고 치밀한 치즈 조직이 형성되며 작은 크기에서 중간 크기 정도의 치즈 눈이 형성되어 온화한 맛을 지니게 된다. 일 년 이상 더 숙성하면 그래뉼(granule: 입자 형태의 분말)로 변하면서 풍미가 강해지므로 체에 갈아먹는 치즈로 사용할 수 있게 된다.

튀겨먹는 치즈 (스페인의 Queso Blanco 치즈)

때때로 흘러내림성이 매우 제한되어 높은 온도에서 고유의 형태를 유지할 수 있는 치즈가 요구되기도 한다. 일부 자연 치즈인 케소 블랑코(Queso Blanco) 치즈나 UF(ultra filtration: 막여과) 공정으로 제조된 크림치즈는 높은 온도에서 본래의 구조를 잘 유지하기 때문에 반죽 입힌 튀김, 치즈스틱이나 여러 종류의 치즈 요리에서 내부 장식용 치즈로 사용된다. 파니르(Paneer) 치즈는 그릴 또는 햄버거 튀김용 치즈로 사용되거나 튀긴 빵, 치즈스틱에 사용된다. 대부분의 숙성치즈는 흘러내림성과 지방 분리(oiling-off) 현상이 심해 이러한 치즈를 햄버거 튀김용 치즈로 사용하면 가열된 치즈가 그 형태를 잃어 본래 모습을 유지할 수 없게 된다.

튀김용 치즈로는 흘러내림성을 막아주는 특별한 배합을 통해 제조된 가공 치즈가 훨씬 적합하다. 이러한 가공 치즈는 가열 및 재료 절단 공정에서 자연 치즈의 구조 및 물리화학적 특성을 변화시켜 얻게 되는데 최근 일명 '가짜 치즈'라고 보도된 가공 치즈들은 바로 이와 같은 원리에 의해 제조되었다고 할 수 있다.

색상에 따른 구분

흰 표면을 갖는 치즈 (프랑스 Brie 치즈)

흰색을 띠는 치즈는 주로 프랑스 치즈이며 대표적인 치즈는 브리(Brie) 치즈와 까망베르 치즈다. 브리 치즈는 많은 유럽국가에서 제조 방법을 모방해 제조하고 있지만, 원산지인 프랑스에서는 전통적인 브리 치즈라고 간주되는 쿨로미에(Coulommier) 브리 치즈 외에도 주로 지역 주민들에 의해 소비되는 믈룅(Melun) 브리 치즈(AOC 등급)와 작은 조각으로 잘라 판매하는 모(Meaux) 브리 치즈(AOC 등급) 등이 생산되고 있다. 주 생산지인 브리는 파리 동쪽 50km 정도 떨어진 곳에 위치하고 있어 소비

흰색을 띠는 브리 치즈

지역과 매우 가까운 거리에 있다.

브리 치즈는 얇은 두께의 원형 형태이며 표면층은 흰색 곰팡이(Penicillium candidum)가 벨벳(velvet)처럼 덮여 있다. 숙성 초기의 브리 치즈는 온화하며 약간의 향기로운 맛을 가지고 있지만 숙성이 진행됨에 따라 독특한 얼얼한 맛을 갖게 된다. 치즈 조직은 치밀하고 매우 부드럽지만 숙성 정도에 따라 다른 수준의 퍼짐성(spreadability)을 갖게 되지만 때로는 아주 부서지기 쉬운 조직을 갖는 경우도 있다.

전통적인 브리 치즈에 더 가깝고 제조방식도 전통적인 모 브리 치즈는 지름이 36mm, 무게가 2.5~3kg 정도 되기 때문에 소매용 치즈는 작게 잘라야 한다. 센 강이나 마네 강 유역의 지역에서는 약 4주간 숙성한 후 판매한다.

믈룅 브리 치즈는 풍미가 강하고 감칠맛이 있으며 짠맛이 강하다. 27~28cm의 지름을 가지며 무게는 1.5~1.8kg이다. 농가형 브리 치즈는 밀짚 위에 올려놓고 2개월 정도 숙성하는데 밀짚 자국에 붉은색 마크의 린드(rind)가 형성되어 있으면 풍부한 풍미를 가진 치즈임을 의미한다. 쿨로미에 브리 치즈의 지름은 14cm이지만 두께가 두꺼운 편이다. 이와 같은 방식으로 생산되는 브리 치즈의 양은 연간 6천 톤 규모로서 비교적 적은 편이다.

숙성실은 통풍이 잘 되어야 하며 온도를 14℃로 맞추어 주면 곰팡이의 활성이 강해지고 다양한 대사 작용을 하게 되는데 이때 지방산을 대사하여 풍미증진 성분을 생성한다. 곰팡이와 함께 공존하는 박테리아와 효모는 치즈 제조실과 숙성실에서 자연적으로 출현해 치즈 표면에서 성장한다. 숙성 기간에 나타나는 숙성 미생물 균총(microbial flora)이 치즈의 풍미나 향미에 주는 영향은 한 마디로 언급할 수 없으나 결과적으로 관능적인 품질과 복잡성을 더해주며 생산지역 또는 제조공장마다 다른 특성을 갖는 치즈를 생산하게 된다.

푸른 정맥을 가진 치즈

(프랑스 Roquefort 치즈와 이탈리아 Gorgonzola 치즈)

스틸턴(Stilton) 치즈는 영국, 로크포르(Roquefort) 치즈와 블뢰 도베르뉴(Bleu d'Auvergne) 치즈는 프랑스, 고르곤졸라(Gorgonzola) 치즈는 이탈리아, 다나블루(Danablu) 치즈는 덴마크의 푸른곰팡이 치즈다. 이 치즈들은 비교적 연한 커드 내부에 푸른색이나 그린색의 줄무늬가 있는 것이 특징이다. 숙성 중인 치즈 내부에 가느다란 바늘로 구멍을 찔러주는데 이 자리에 공기가 공급되어 푸른곰팡이(Penicillium roqueforti)가 자라기 때문에 푸른색을 띠게 되는 것이다. 그 모습이 정맥과 비슷하다고 해서 청맥(blue veined) 치즈라고도 한다.

블루 도베르뉴 치즈는 오베르뉴 지방의 농가들이 제조하던 치즈에서 유래되었다. 곰팡이 포자를 접종한 후 실온에서 3~4일간 저장하면서 정기적으로 뒤집어주기를 한 다음 10℃에서 다시 일주일간 저장하고 8℃ 정도에서 3주간 숙성하면서 가끔씩 뒤집어 준다. 그러면 2개월 후쯤 판매 가능한 상태가 된다. 블루 도베르뉴 치즈는 지름이 22cm, 높이가 10cm인 실린더형의 치즈다.

덴마크 블루치즈인 다나블루 치즈는 가장 많이 소비되고 있는 푸른곰팡이 치즈다. 다나블루 치즈의 제조법은 로크포르치즈와 동일하나 원료유의 지방구를 미세하게 분쇄하는 공정인 균질(homogenization) 처리를 한다는 점이 다르다. 우유를 균질하면 지방구 입자 크기가 감소하면서 숫자가 증가하여 지방분해가 더욱 활발해지고 숙성이 촉진되어 더욱 강한 맛을 갖게 된다. 또 균질한 우유로 만든 치즈는 작은 틈새를 갖게 되어 푸른 곰팡이가 풍성하게 자란다.

로크포르 치즈는 면양유로 제조하는데 프랑스 남동부의 로크포르 쉬르 술종(Roquefort-sur-Soulzon) 지방에서 이름을 딴 것이다. 치즈 제조는 2,000년 전부터 시작되었다고 하며 15세기에 이르러 제조방법이 확립된 것으로 보고 있다. 치즈의 크기는 지름이 25cm, 높이가 13cm, 중

푸른곰팡이 치즈인 로크포르 치즈

량은 2.5kg이다. 치즈의 풍미와 맛은 매우 강하며, 때로 약간 매운맛이 나고 면양유에서만 맛볼 수 있는 단쇄지방산(short-chain fatty acids) 특유의 끝맛을 제공한다. 수분 함량은 40%, 지방 함량은 48%다.

스틸턴 치즈는 레이체스터셔(Leicestershire), 더비셔(Derbyshire), 노팅햄셔(Nottinghamshire) 지방의 몇몇 치즈공장에서 만들고 있다. 치즈의 이름은 치즈제조업자 협회의 명칭에서 유래되었다. 수분 함량은 42% 이내, 지방 함량은 48%이며 풍미물질 생성력이 높은 젖산구균인 류코노스톡(Leuconostoc)과 다이아세틸 향을 생성하는 젖산구균인 'Lactococcus lactis biovar. diacetylactis'를 혼합균주로 사용하며 페니실륨 로크포르티(Penicillium roqueforti) 포자도 첨가한다. 치즈의 중량은 10~11kg, 지름은 23~25cm이다.

고르곤졸라 PDO(Protected Designations of Origin: 유럽연합에서 특정 농산식품의 원산지명을 법규로 보호하는 제도) 치즈는 밀라노 근처 고르곤졸라 지역에서 생산된다. 수분 함량은 42%, 지방 함량은 48%이며 소금 함량은 3~4%이다. 판매용 치즈의 지름은 30cm, 높이는 20cm, 중량은 12kg이다. 고르곤졸라 치즈는 담청색의 곰팡이가 필 때 단

고르곤졸라 PDO

맛이 있는 돌체(dolce)와 푸른색 곰팡이가 필 때 얼얼한 느낌을 주는 피칸테(piccante) 두 가지 형태로 제조된다. 돌체는 60일, 피칸테는 90일간 숙성시킨다. 생산지역은 피에몬테(Piemonte)와 롬바르디(Lombardy) 일부 지역이다.

곰팡이가 뒤섞인 치즈를 먹는다는 건 어떤 느낌일까? 외국인이 곰팡이 핀 메주를 먹는 모습을 상상해 보면 조금 이해가 되지 않을까? 아무래도 아직 우리에게는 어려운 일일 것이다. 그래서 필자는 푸른곰팡이 치즈를 즐겨먹게 되는 날은 그리 쉽게 오지 않을 것이라 생각하고 있다. 그러나 간혹 외국인들이 우리 된장국을 즐겨먹는 모습을 볼 수 있듯이 한국인이 푸른곰팡이 치즈를 수프로 만들어 먹어본다면 '이렇게 맛있는 음식이 될 수 있구나' 하고 놀라는 사람이 적지 않을 것이다.

실제 낙농인들에게 치즈 교육을 할 때마다 이 이야기를 들려주는데 처음엔 미심쩍어하던 분들도 직접 먹어보고는 어떻게 이렇게 맛있을 수가 있느냐 되묻곤 한다. 고르곤졸라 스파게티의 맛에 흠뻑 빠져버린 강남스타일의 미식가도 이 맛을 부인할 순 없을 것이다.

스키의 여왕, 갈색 치즈 (노르웨이 Gudbransdalsost 치즈)

노르웨이의 부르노스트(Brunost) 치즈는 300년 전부터 제조되기 시작했는데 노르웨이의 갈색 치즈(Brown cheese)라는 용어는 영국에서 '유청치즈'라는 뜻으로 통용된다.

대부분의 다른 치즈들은 우유의 카제인 단백질을 위주로 치즈를 제조하지만 유청치즈는 카제인 단백질을 응고한 후 형성된 커드에서 유출되는 연한 노란색의 액체(유청: whey)로 제조한다. 유청은 수용성 단백질인 유청단백질이 주성분으로 대부분의 성분이 생리적 기능을 가지고 있을 뿐 아니라 영양학적 가치도 매우 우수해 기능성 식품원료로 높은 평가를 받고 있다.

유청에 함유된 단백질은 열에 약해 쉽게 변성(denature)되는 성질을 가지고 있는데 강한 열을 가하면 응고되는 현상이 나타난다. 이러한 특성을 이용해 제조되는 독특한 치즈로 이탈리아에는 리코타(Ricotta) 치즈, 그리스에는 마노우리(Manouri) 치즈, 미지드라(Mizithra) 치즈 등이 있다.

노르웨이 사람들의 연간 부르노스트 치즈 소비량은 1인당 3.5kg 정도 되며 두 번째로 많이 소비되는 치즈다. 한국인들이 국외 여행을 떠나게 되면 여행 가방에 김치와 고추장을 빼놓지 않는 것처럼 노르웨이 사람들도 여행을 떠날 때 여행의 고단함과 이국의 음식 맛으로 채울 수 없는 허전함을 해결하기 위해 반드시 부르노스트 치즈를 챙긴다. 그만큼 민족적인 음식으로 자리를 잡은 식품이다. 부르노스트 치즈에 속하는 치즈는 원료유의 종류에 따라 프림(Prim) 치즈, 산양유 크림을 사용한 엑테가이토스트(Ekte Geitost) 치즈, 우유에 크림을 첨가해 엑테 치즈보다 부드러운 미소스트(Mysost) 치즈, 우유와 우유크림에 산양유를 첨가한 군부란스달소스트(Gudbrandsdalsost: '스키의 여왕'이라는 뜻) 치즈가 있다.

군부란스달소스트 치즈에는 전해 내려오는 이야기가 있다.

여러 모양의 갈색 치즈

1885년경 굳부란스달렘 (Gudbrandsdalem) 계곡 마을에서 안네 호브(Anne Hov)라는 마을 아가씨가 찾아온 손님에게 음식을 대접하게 되었는데 마침 먹을거리가 다 떨어지고 오직 유청과 우유에서 분리한 크림만 남아있었다고 한다. 안네는 어떻게 하면 정성스럽게 손님을 대접할 수 있는가 생각하던 중 유청에 크림을 첨가하는 아이디어를 가지고 치즈를 만들기 시작하였다. 크림을 첨가하여 부르노스트 치즈를 만들어 접대하였더니 손님은 정말 맛있는 갈색 치즈를 먹었다며 극구 칭찬을 하였다고 한다. 이 아이디어는 노르웨이 사람들이 만들어 먹던 기존 갈색 치즈의 품질을 크게 개선하는 결과를 가져오게 되었으며 이렇게 만든 치즈의 인기가 높아져 비싼 가격에 치즈를 팔 수 있었다고 한다.

굳블란스달소스트 치즈 1kg을 제조하는 데 약 1ℓ의 산양유를 우유에 첨가해 제조한다. 완성된 치즈는 캐러멜과 같은 조직을 갖게 되며 단백질은 12%, 지방 함량은 20~35%다. 이 치즈는 제조 즉시 소비할 수 있으며 맛은 부드럽고 달다. 반경성 치즈에 속하므로 얇게 잘라 주로 샌드위치에 넣어 먹는다. 스칸디나비아 국가에서는 굳브란스달렌(Gudbrandsdalen) 치즈라고 부르며 영국과 북미, 호주에서는 스키 퀸(Ski Queen) 치즈, 독일에서는 노르골드(Norgold) 치즈라고 부른다.

검은 색상의 치즈 (스위스 Kaltbach 치즈)

스위스 치즈 가운데 칼트바흐(Kaltbach) 치즈는 비교적 잘 알려지지 않은 치즈지만 검은 색상의 에멘탈(Emmental: 스위스 에멘탈 지방에서 생우유를 가열 압착해 숙성시킨 하드치즈) 치즈라고 보는 것이 적합하다는 의견도 있다.

2011년 가을, 필자가 스위스의 유명 치즈 체험장을 방문하던 중 아펜젤러 치즈 체험장 직원에게 루체른 북쪽 10km쯤 떨어진 수르제(Sursee) 지역의 유가공 학교 주소를 물어 보던 중 동굴에서 숙성하는 칼트바흐 치즈의 존재를 처음 알게 되었다. 루체른에 도착해 숙성동굴 관광을 신청하기 위해 칼트바흐 치즈공장에 전화를 걸었다. 안내 담당자는 3개월 후에나 관광이 가능하다는 답을 주었다. 일주일 남짓 일정을 가지고 온 우리 일행으로서는 난감한 노릇이었다. 이런 사정을 전하고 애원을 해보았지만 냉정하게 거절만 당했다. 다른 선택이 없어 한 가지 궁리를 해 다시 연락을 했는데, 칼트바흐 치즈를 구입할 수 있는 판매장은 있느냐 물었더니 회사 입구에 판매장이 있다고 하였다. 그럼 판매장으로 가겠으니 그곳에서 칼트바흐 치즈에 대해 설명을 부탁한다고 말했다.

치즈 판매장은 바로 숙성동굴 앞에 위치하고 있었다. 판매장과 숙성동굴을 연결하는 통로는 독특한 디자인을 한 회랑의 형태였고, 치즈의 역사와 동굴의 내부 모습을 촬영한 사진들이

칼트바흐 치즈의 숙성동굴 내부

마치 미술품 전시장처럼 예술적인 품격을 갖추고 있었다. 하지만 아쉽게도 유리문 너머로 동굴 입구만 바라보고 치즈와 관련된 책자를 구입하는 것으로 만족해야 했다.

안내자의 설명을 듣고 새삼 놀라운 것은 이 동굴에서 숙성한 치즈만이 검은색을 띤다는 것이었다. 필자도 이런 이야기는 처음 듣는 것이어서 더욱 관심을 가지게 되었다. 생산담당 매니저 월터 버리(Walter Burri)가 쓴 「Cheese is my life」라는 글을 보면 에미 칼트바흐(Emmi Kaltbach) 회사 소유주가 1993년 모래를 채취하던 동굴을 구입하면서 에멘탈 치즈를 가져다 동굴에서 1년간 숙성하자는 제안을 했다고 한다. 월터는 그 제안이 미친 생각이라고 생각해 반대하였다고 회고한다.

물론 1953년부터 그 동굴에서 치즈를 숙성해왔지만 겨우 2~3개월 정도만 숙성을 해오고 있었다. 그런데 강한 숙성취를 얻기 위해 1년을 숙성하고 보니 에멘탈 치즈의 외부 굳은 표면이 검은색으로 변해 버린 것이다. 물론 첫해에는 아무 기초지식이 없어 삼분의 일은 버리게 되었으나, 현재는 그동안 획득한 지식을 가지고 정상적인 숙성을 하고 있으며 연간 14,000개의 AOC급 에멘탈 치즈와 40,000개의 AOC급 그뤼예르(Gruyere) 치즈를 생산하고 있다고 한다. 그러나 동굴에서 숙성하는 방법

이나 기술에 대해서는 아직 아무 곳에도 기록으로 남기고 있
지 않다고 한다.

모양에 따라

큰북 모양의 치즈 (이탈리아 Grana Padano 치즈)

이탈리아어 'Grana'라는 '매우 단단하다'라는 뜻으로 그라
나 파다노(Grana Padano) 치즈는 이탈리아가 원산지인 초경질 치
즈로 입자 형태의 조직을 갖는다. 우리에게도 익숙한 파르마산
(Parmesan) 치즈와 바자조(Bagazzo) 치즈, 로디자노(Lodigiano) 치
즈 등도 그라나 치즈에 속한다. 그라나 파다노 치즈는 분쇄한
분말 치즈 형태로 이용되며 입안에서 감미로운 풍미를 내며 녹
는다.

그라나 파다노 치즈 제조용 원료유는 1회 착유한 우유만 사
용하며 착유 8시간 후 지방을 걷어내기 때문에 원료유의 지
방함량은 2.1~2.2%로 파르마산 치즈보다 약간 낮다. 치즈의
형태는 지름과 높이가
33×25cm, 45×18cm
의 원통형 치즈다. 그
라나 파다노 치즈의 성
분조성은 수분 함량
32%, 단백질 33%, 지
방 27%, 칼슘 1.15%이

그라나 파다노 치즈

며 소금은 1.7%가 되도록 첨가한다.

파르마산 치즈는 일명 파미지아노 레지아노(Parmmigiano-Reggiano) 치즈라고도 하며 포(Po) 계곡 지역이 원산지다. 파르마산 치즈는 초경성 치즈로 연한 크림색 또는 크림색을 띠고 있지만 지방이 아주 적은 치즈이며 대부분의 요리에 사용된다. 파르마산 치즈는 10개월 이상 되어야 완전히 숙성되는데 가장 독특한 풍미로 감미로운 맛과 견과류 맛을 들 수 있다. 치즈의 모양과 크기는 40파운드 블록형, 20파운드 원반형 및 이를 1/2 또는 1/4로 절단한 형태, 채를 썰거나 그레이팅 형태, 그레이팅 후 건조시킨 분말 등 다양하다.

그라나 파다노 치즈는 생산량 차원에서 볼 때 전 세계에서 가장 규모가 큰 PDO 치즈다. 그라나 파다노 치즈는 파나다(Panada) 계곡 일부 지역으로 생산 지역을 제한하고 있는데 그라나 파다노 보호 연합(Protection Consortium)은 6,000여 낙농가에서 생산되는 우유로 201개 유제품 회사에서 400만 개 이상의 치즈를 제조하여 16.3만 톤의 치즈를 판매하고 있다. 이중 75%는 이탈리아 내에서 소비되고 있으며 15%는 유럽, 10%는 전 세계에 수출되고 있다. 유가공장 수준에서 2009년 평균 가격은 kg당 6유로였으며 2010년에는 1유로가 인상되었다. 주요 유통 채널에서 그라나 파다노 치즈의 가격은 10유로인 것으로 알려져 있다. 따라서 유가공장 수준에서 총 생산 가격은 1억 유로(1,550억 원), 소비자 가격은 2억 유로(3,100억 원) 규모다.

하트 모양의 치즈 (프랑스 Neufchâtel 치즈)

프랑스 치즈 중에는 하트 모양을 한 치즈가 여럿 있다. 프랑스 작은 마을 마르시아크(Marciac)의 낙농가에서 생산하는 200g 크기의 프로마주 블랑(Fromage blanc), 프랑스 노르망디 북쪽 브레(Pays de Bray) 지방의 치즈 전문가에 의해서 생산되는 250g 크기의 구르네 프레(Gournay Frais)가 있으며 치즈 수공예가들(artisan)이 생산하는 AOC급 뇌프샤텔(Neufchâtel) 치즈 중 쾨르 치즈(Coeur d'Arras, Coeur d'Avesne)는 흰색 곰팡이가 벨벳 형태로 자라고 있으며 하트 모양을 하고 있다. 뇌프샤텔 치즈 6가지 버전에는 쾨르 2종(Coeur, Grand Coeur), 벽돌형의 브리켓(Briquette), 사각형의 카레(Carré), 실린더 형의 본드(Bonde) 2종 등이 있다.

뇌프샤텔 치즈는 젖산균만 사용하여 응고시킨 산성화 커드로 신선치즈에 속한다. 숙성실에서 3주 정도 지나면 독특한 곰팡이 향이 나며 단단한 외관을 갖게 되지만 내부 조직(Pâte)은 손가락으로 누르면 깊이 들어갈 정도로 유연성이 있다. 이 치즈는 크러스트 빵과 함께 포므롤(Pomerol), 생테밀리옹(Saint Emilion) 등의 레드 와인과 잘 어울린다. 구르네(Gournay)의 위그(Hugues)

치즈 수공예가에 의해 생산된
AOC급 쾨르 치즈

1세가 뇌프샤텔 치즈를 시기(Sigy) 수도원에 헌물로 제공하였다는 기록으로 보아 브레 지방(Pays de Bray)의 뇌프샤텔 지방에서 1035년경부터 제조해 온 것으로 추측된다.

쌀알 모양의 신선치즈 (미국 Cottage 치즈)

'신선치즈'라는 용어는 '신선하지 않은 치즈'라는 반대 개념이 성립할 수 있기 때문에 국내에서는 사용하기 어렵지만 숙성치즈의 상대적인 개념으로 사용하고 있다. 정확하게 표현한다면 신선커드(Fresh curd) 치즈라고 부르는 것이 좋을지도 모르겠다. 이는 숙성을 하지 않고 신선커드 치즈의 형태로 소비하는 치즈들을 일컫는 말이다. 프랑스에서는 신선치즈를 프로마주 프레이(Fromage frais), 미국에서는 카티지(Cottage), 러시아와 폴란드에서는 트보로그(Tvorog), 독일에서는 쿼크(Quark)라는 이름으로 부르는데 신선커드는 우리나라의 겉절임 김치와 같은 개념으로 생각하면 된다.

신선커드 치즈는 젖산균만 사용하여 우유를 응고시키기도 하고 약간의 렌넷(rennet)을 첨가해 커드의 굳기를 강하게 하기도 한다. 또 신선커드 치즈에는 젖산만 사용하는 것이 아니라 다른 종류의 유기산들을 함께 사용하기도 한다. 신선커드 치즈는 식품 저장의 측면에서 수분활성도(water activity)가 높아 저장성이 떨어지므로 개봉한 제품은 3일 이내에 소비하는 것이 좋다. 유청액이나 구연산을 첨가한 멸균수에 저장해 판매하는 후레시 모짜렐라 치즈도 저장성은 낮은 편이다.

미국의 카티지 치즈나 독일의 쿼크 제품들은 왜 쌀알 모양(grain curd)을 하고 있을까? 그 이유는 간단하다. 우유가 응고된 형태인 커드는 수분을 배출하기 위해 주사위 모양으로 절단하게 되는데 만들고자 하는 치즈에 따라 절단 크기가 달라진다.

쌀알 형태의 카테지 치즈

수분이 많은 치즈는 절단 크기가 2~2.5cm 정도 되며, 수분 함량이 낮은 치즈는 0.5cm 이하로 절단하기도 한다. 중간 정도의 수분을 갖는 치즈는 1cm 크기로 절단한다. 수분 함량이 낮은 치즈로는 파르마산 치즈를 예로 들 수 있는데 3년 이상 숙성한 치즈는 19%의 낮은 수분 함량을 가진다. 반대로 카티지 치즈는 수분 함량이 75% 정도로 상당히 높다.

그런데 커드 절단 후 수분 배출을 촉진하기 위해 커드를 절단했으나 이것으로도 충분하지 못해 다시 교반(agitation)을 한다. 그와 동시에 치즈 배트(vat: 치즈커드 제조용기)의 온도를 서서히 올려주면 젖산균이 활발하게 자라면서 많은 양의 젖산을 생성하게 된다. 이러한 모든 과정들은 결국 수분의 배출을 촉진하기 위한 것이다. 큐브 모양의 커드 그래뉼을 계속 교반하면 그 충격으로 인해 커드 내의 수분은 계속 배출되고 커드의 크기는 점점 작아지면서 단단해진다. 이 단계에서 다른 치즈처럼 커드를 연합시키지 않고 멸균한 냉각수로 커드를 씻어내어 매끄러운 표면을 가진 단단한 밥알 모양의 그래뉼 형태를 유지할 수 있도록 해준다. 여기에 약간의 짠맛을 가미한 크림소스를 얹어 먹으면 개운하면서도 새콤한 맛의 치즈 요리가 된다.

시중에서는 요구르트 컵 또는 그보다 큰 컵 모양의 용기에 담겨져 있는 카티지 치즈를 볼 수 있는데 냉장 유통 및 보관 과정에서 약간 뭉쳐지거나 낟알의 형태가 다소 변형되기도 한다. 또 카티지 치즈에 사용하는 젖산균의 종류에 따라 약간의 초산이 생성되어 약한 식초 맛이 느껴지기도 한다.

뉴욕 지방에서 주로 생산되는 카티지 치즈는 산을 직접 첨가하는 방법으로 제조하며 강한 산 맛과 함께 다이아세틸 향이 있으며 불규칙한 입자를 보이고, 경우에 따라서는 반죽 같은 조직을 갖는다. 렌넷 응고법으로 제조된 카티지 치즈는 팝콘이나 플레이크 타입으로 맛이 상쾌하고 온화한 산 맛이 특징이며 캘리포니아 등 주로 미국 서부 지역에서 소비돼 왔다.

깍두기 모양의 치즈

필자가 캐나다 몬트리얼 맥길(McGill) 대학에서 박사 후 연구 과정으로 치즈의 풍미에 관하여 연구하고 있을 때 푸틴(Poutin)이라는 치즈 요리를 알게 되었다. 푸틴은 숙성하지 않은 체다 치즈나 피자 치즈를 깍두기 크기로 절단해 감자튀김을 올리고 짙은 그래비(gravy) 같은 푸틴소스를 얹어 먹는다. 캐나다 퀘벡(Quebec)주에서 즐겨먹는 요리로 접시에 담긴 푸틴을 먹는 모습을 보면 마치 떡볶이를 먹는 모습이 연상된다.

2007년경 필자에게 치즈제조 기술을 교육받고 있던 낙농가들과 함께 치즈연수 여행을 함께 했는데 캐나다 퀘벡 주 마곡(Magog) 근처의 식당 겸 치즈공장에서 우연히 푸틴 요리를 맛보게 되었다. 이때 맛에 놀란 일행들이 한국에 돌아가면 반드시 상품화해보겠다는 의지를 내보였지만 푸틴소스를 맛있게 제조하는 기술이 없어 여전히 요원한 상태로 남아있다.

댕기머리 치즈 (이탈리아 Treccia 치즈)

우리나라 여자 아이들은 흔히 긴 머리카락을 가지런히 땋아 여러 가지 유형으로 머리에 올리거나 양쪽으로 땋아 예쁜 모습을 연출하기도 한다. 물론

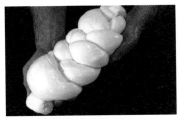
잘 땋아진 뜨레차 치즈

서양에서도 같은 모양의 헤어스타일을 흔히 본다. 치즈의 종류 중에서 파스타 필라타(pasta filata) 치즈 종류는 잘 늘어나는 성질을 갖고 있어 머리카락을 땋듯 치즈를 땋은 후 가닥을 늘어뜨리는 모양의 치즈를 만드는 데 적합하며 이탈리아 식품 코너에 가보면 이러한 치즈를 흔히 볼 수 있다.

특히 우리나라 낙농인들에게 치즈 교육을 하면 제일 자신 있게 성형하는 치즈가 바로 트레치아(Treccia) 치즈다. 공주 농업 기술센터에서 여성 낙농가에게 치즈 교육을 할 때 한 분이 선뜻나서 "사슬체인 감듯이 하면 된다"면서 멋지게 트레치아 치즈를 제조했는데 필자는 두고두고 그 모습을 기억할 것 같다.

소금물에 담가 판매하는 두부 모양의 치즈 (그리스 Feta 치즈)

요즘 두부는 여러 가지 형태의 위생포장 용기에 담겨져 판

매되고 있다. 용기의 형태는 다양하나 보존용 액체에 담겨 있다는 점은 공통인 것 같다. 과거에는 찬물 속에 커다란 두부를 담가놓고 한 모씩 잘라 판매하곤 하였는데 많은 분들이 그 시절을 기억할 것이다.

치즈도 소금물이나 유청에 담그거나 또는 올리브유에 그리스 양념을 넣어 판매하는 종류가 있다. 주로 지중해 인근의 지역에서 치즈를 오랫동안 보존하기 위해 사용해온 방법이다. 최근 창고형 매장에 가보면 올리브유에 휘타(Feta) 치즈를 넣어 육각형 유리병에 포장한 수입산 덴마크 휘타 치즈가 꾸준히 판매대에 올라있는 것을 볼 수 있다. 이 치즈 제조법은 매우 간단해 우리나라 낙농가들이 운영하는 목장형 유가공장에서도 제법 품질이 우수한 수준으로 제조하고 있다. 특히 전통적인 휘타 치즈의 높은 소금 농도(4.5%)를 싫어하는 한국 소비자들을 위해 보다 낮은 수준의 소금을 첨가하여 제조한다.

그리스를 원산지로 하는 휘타 치즈는 전통적으로 케그(keg)라는 나무통에 참외를 썬 모양의 치즈 조각을 담고 있다. 그리스인들은 치즈하면 일단 휘타 치즈를 떠올릴 만큼 세계에서 가장 많은 양(1인당 22kg)의 휘타 치즈를 소비한다. 우유로 만든 휘타 치즈는 양유로 만든 것보다 풍미가 덜하며 산미

휘타 치즈

가 강하고 미황색을 띤다. 또 치즈 조직이 건조하고 부서지기 쉬운 상태가 되는 등의 차이가 있다. 휘타 치즈는 반 연성치즈에 속하며 보통 사각의 블록으로 만들고, 주로 4~16kg의 주석 캔으로 상품화되어 있다.

휘타 치즈는 깍두기 절반 크기로 썰고 양상추를 손으로 잘게 부수어 건포도, 블랙 올리브를 3등분하여 자른 것과 섞은 뒤 올리브유, 그리스 허브 등을 토핑하고 발사믹 식초(balsamic vinegar)를 살짝 뿌려 샐러드로 먹으면 맛이 그만이다.

여러 가지 모양의 프랑스 산양치즈

필자가 2007년 국제낙농연맹(IDF: International Dairy Federation)에서 개최한 〈산양·면양유 섹터에 관한 국제심포지엄〉에 참석하기 위해 파리 샤를 드골(Charles de Gaulle) 공항에 들른 적이 있다. 당시 비행기를 갈아타기 위해 잠시 머물던 라운지에서 첫눈에 발견한 면세점 매장은 바로 목장형 치즈 판매장이었다. 판매장에는 평소 책으로만 봤던 모든 산양치즈들이 진열되어 있었는데 판매장을 발견한 필자는 무조건 사진부터 찍기 시작했다. 한참 촬영을 하고 있는데 점원 아가씨가 다가와 사진을 찍으면 안 된다고 말하는 것이었다. 처음엔 판매 중인 치즈를 촬영하면 안 되는 것인 줄 알고 몇 장만 더 찍게 해달라고 요청했더니 공항이기 때문에 촬영이 금지되어 있다고 말하는 것이었다. 혹시 공항경비대를 불러 카메라를 압수할까 걱정되어 미안하다 말한 후 급히 휴식공간으로 자리를 피했지만 이미 찍은 사진이 여럿 있었기에 내심 만족스러웠다.

프랑스는 현재 그리스, 미국에 이어 세 번째로 많은 약 90만 두의 산양을 사육하고 있으며 연간 33톤의 산양치즈를 생산해 주로 자국 내에서 소비한다. 한 우유 마케팅 조사에 의하면 산양유의 시장 규모는 점차 확대되어 현재 유기농 우유 다음이며 멸균된 산양유(long-life goat milk)는 45.3%의 점유율을 차지했다. 산양유 소비에 있어 가장 오랜 역사와 전통을 가진 나라 중 하나인 프랑스에는 산양유로 제조한 숙성치즈의 종류 또한 매우 많다.

프랑스 마시프 상트랄(Massif Central) 지방에서 시작되는 루아르(Loire) 강은 북쪽을 지나 서쪽으로 흘러 대서양으로 들어가는데 '프랑스의 정원'이라고 불리는 지역에 커다란 굽이를 이루는 평원이 있다. 8세기에 아랍의 후손인 사라센(Saracens) 사람들이 지역민(Poitier)을 쫓아버리고 스페인 남부에서 여러 세기 동안 터전을 잡아오다 점차 프랑스 북부로 이동하게 된다. 이 민족이 프랑스에 의해 축출될 때 그들은 산양뿐만 아니라 산양유로 치즈를 만드는 제조법을 두고 떠났다. 그래서 프랑스의 르와르 계곡 지역은 산양치즈 제조의 역사적인 장소가 되었으며 산양치즈 생산의 요지가 되었다. 강을 사이에 둔 양쪽 마을에서는 서로 다른 형태와 크기의 산양치즈를 제조하기 시작하였는데 각 치즈는 미묘하게 다른 풍미를 갖는 치즈가 되어 지역에 따라 6개의 AOC 등급으로 나뉘게 되었다.

파리 샤를 드골 공항 라운지에서 판매 중인 (좌) 목장형 치즈.
(우) 쌩뜨−모레 드 떼랭 치즈와 쉘−쉬르−셰르 치즈

동쪽에는 루아르 지방(Pays de la Loire)에서 유래된 드럼 형태
의 '크로탱 뒤 샤비뇰(Crottin du Chavignol)' 치즈가 있으며 연간
1,600만 개가 생산된다. 서쪽 지역에는 분말의 오크재(oakwood)
를 뿌린 단단한 긴 원통형 모양의 치즈인 '생트-모레 드 투렌
(Sainte-Maure de Touraine) 치즈가 있는데 강한 풍미를 가진 것으
로 유명하다. 이 치즈는 우리나라에 산양 분유를 수출하고 있
는 뉴질랜드에서도 생산·판매되고 있는데 필자가 현지에서 직
접 구입한 바 있다. 중앙 북부에는 푸르고 회백색인 곰팡이가
표면을 덮고 있고 그 위에 숯가루를 뿌린 셸-쉬르-셰르(Selles-
sur-Cher) 치즈가 있다.

남쪽 지역에는 작은 피라미드 모양의 검은 발랑세(Valançay)
치즈가 있으며 베리(Berry) 지방에서 오랫동안 생산되어온 유명
한 산양치즈의 하나다. 본래 발랑세 치즈의 모양은 완벽한 피
라미드 형태였는데 이와 관련해 재미있는 일화가 전해진다. 이
집트에서 참패하고 돌아온 나폴레옹이 발랑세 성에서 머물다
어느 날 아침 식탁에서 이 치즈를 보게 되었는데 이집트의 피

절단된 피라미드 형태의
발랑세 치즈

라미드가 연상되자 갑자기 화가 치밀어 올랐고, 바로 칼을 뽑아 치즈의 상부를 잘라내었다고 한다. 그 이후 발랑세 치즈의 전형적인 모습은 상부가 절단된 피라미드형이 되었다고 한다.

서쪽 지역에는 루아르 지방에서 유래된 풀리니-생-피에르(Pouliny Saint-Pierre) 치즈가 있는데 강한 향과 맛을 가진 연성치즈로 산양치즈에 속한다. 모양은 전형적인 피라미드 형태다. 남서부의 푸아투(Poitou) 지역은 일찍부터 산양을 사육한 지역으로 여러 가지 종류의 치즈 품종이 자연적으로 유래한 지역이다. 신속 숙성치즈인 샤비슈 뒤 푸아투 치즈(Chabichou du Poitou)는 1990년에 AOC에 등록되었으며 산양치즈의 전형적인 형태인 절단된 콘 모양(원추형)을 하고 있다.

숙성 산양치즈는 숙성취가 워낙 강해 프랑스나 유럽 국가의 소비자들 사이에서도 소비가 일반적이지 않은 것으로 알려지고 있다. 우리나라 일반 소비자들이 숙성 산양치즈를 즐겨 소비하기에는 상당한 시간이 필요할 것으로 생각된다.

눈(eye)을 가진 치즈

치즈를 주제로 해 스펜서 존슨(Spencer Johnson)이 쓴 책 『누가 내 치즈를 옮겼을까?』에 보면 '구멍(gas hole)이 있는 치즈'가 등장하는데 이는 에멘탈(Emmental) 치즈를 묘사하는 것으로 이러한 구멍을 '치즈 눈(cheese eye)'이라 부른다. 사람도 눈이 큰 사람, 실눈을 가진 사람이 있듯 치즈에도 큰 눈을 가진 치즈가 있다. 바로 '치즈의 황제'라고 불리는 스위스 에멘탈 치즈다. 미간이 좁은 사람처럼 치즈 눈이 너무 촘촘히 나 있거나 한쪽으로 몰려있으면 숙성을 잘했다고 할 수 없다. 100~130kg이 되는 에멘탈 치즈의 경우 치즈 눈의 크기는 비둘기 알 정도로 1,000~1,500개 정도 있는 것이 좋으며 전체에 골고루 분포되어 있어야 숙성이 잘 되었다고 평가받는다.

반면에 유리구슬 정도의 크기나 그보다 작은 동그란 모양의 치즈 눈은 네덜란드 에담(Edam) 치즈에서 발견된다. 치즈 눈의 크기도 일정해야 좋은 평가를 받는다. 치즈 눈의 내부에는 많은 양의 CO_2 가스가 생성되어 고압으로 치즈를 밀어낼 수 있으므로 가스 홀(hole)의 내면이 매끄러워야 한다. 여기서 CO_2 가스는 치즈유에 젖산균과 함께 첨가하는 프로피온산균(Propionic acid bacteria)에 의해 생성된다.

그러나 오염 미생물에 의해 형성된 치즈 눈은 형태가 다르다. 특히 대장균으로 생성된 가스에 의해 형성된 치즈 눈은 실눈 모양으로 쉽게 구별해 낼 수 있으며 사실 치즈 눈이라고 하지도 않는다. 치즈 눈은 치즈 프레스(press)로 강하게 압착한 치즈에서 주로 형성되며, 자체 중량에 의해 압착된 치즈에서도 작은 틈새가 발견되기는 하지만 미생물에 의해 만들어진 것이 아니기 때문에 역시 치즈 눈이라고 하지 않는다.

큰 눈을 가진 치즈의 황제 (스위스 Emmental 치즈)

에멘탈(Emmental) 치즈는 스위스 중부 인터라켄(Interlaken)에서 북쪽으로 1시간 정도 올라가면 있는 에멘탈 지역에서 제조해온 마운틴(mountain) 치즈에서 유래되었으며 스위스의 대표적인 치즈다. 그 외에 프랑스 국경 인접 지역인 그뤼예르에서 유래한 그뤼예르(Gruyére) 치즈와 독일과 오스트리아 서부 지역과 인접하고 있는 아펜젤 지역에서 유래한 아펜젤러(Appenzeller) 치즈가 있다.

스위스 치즈에는 공통적인 특징 여섯 가지가 있다. 첫째, 원반형 형태를 갖는다. 둘째, 단단하고 건조한 표면(rind)을 가진다. 셋째, 무거운 중량(60~130kg)을 갖는다. 넷째, 1,000~2,000개 정도의 치즈 눈을 갖고 있다. 다섯째, 풍미는 온화하면서 다소 감미롭고 숙성이 길수록 향미가 강해진다. 여섯째, 치즈의 조직은 약간 탄력성이 있으며 색상은 아이보리색에서 미황색을 띤다.

에멘탈 치즈 조각

에멘탈 치즈는 전통적으로 1,000~1,500kg의 우유가 들어가는 동제 솥에서 100kg 무게의 에멘탈 치즈 한 덩어리가 제조된다. 치즈의 모양은 원반형이 많고 직경이 약 120cm, 무게는 30~100kg 정도로 꽤 큰 편이다. 숙성은 두 단계로 실시하는데 처음 단계에서는 21~23℃에서 5~8주 정도 숙성시키면서 에멘탈 특유의 치즈 눈을 형성시킨다. 다음 단계에서는 7~11℃에서 8~9개월 동안 풍미 생성과 조직 형성을 위해 숙성시킨다. 숙성 후 수분 함량은 37~39%, 지방 함량 27~28%, 단백질 27.5%, 식염 1~1.6%다.

아담한 눈을 가진 치즈 (네덜란드 Dutch 치즈)

네덜란드(Holland)에서도 다양한 종류의 치즈(Dutch cheese)가 생산되고 있다. 그중 가우다 치즈(Gouda kaas)와 에담 치즈(Edammer kaas)가 세계적으로 널리 알려져 있지만 레이든(Leyden) 치즈나 프레지안(Fresian) 치즈도 있다. 네덜란드 치즈는 반경성 또는 경성의 경도(consistency)를 보이며 매끈한 조직과 작은 가스 구멍인 치즈 눈을 갖는 특징이 있다.

네덜란드 치즈는 다음과 같은 공통적인 특징을 갖는다. 첫째, 치즈의 FDM(fat in dry matter: 건물량 중 지방비율)이 40%가 되도록 우유의 지방을 부분적으로 제거해 제조한다. 둘째, 중온성 젖산구균인 락토코커스(Lactococci)와 CO_2를 생산하는 류코노스톡(Leuconostoc: 젖산구균의 일종)으로 구성된 스타터를 사용한다. 셋째, 밀착된 조직을 갖도록 치즈를 압착한 후 소금물에 담그는 가염을 실시한다. 넷째, 구형(Edam cheese), 편평한 원반형 (Gouda cheese), 블록형 등의 형태를 하고 있다. 다섯째, 숙성 기간 은 2주~최장 2년 정도 소요된다.

전통적으로 가우다 치즈는 탈지하지 않은 신선한 원유로 만 들며 에담 치즈는 탈지한 저녁착유 우유와 탈지하지 않은 아침 착유 우유를 혼합해 제조한다. 그로 인한 지방 함량의 차이는 에담 치즈와 가우다 치즈의 주요 차이점 중 하나다.

메스행거(Meshanger) 치즈는 에담 치즈에서 유래되었으며 틸 지터(Tilsiter) 치즈는 가우다 치즈에서 유래되었고 표면에 붉은 색 점액을 갖는 점이 다르다. 마츠다머(Maasdammer) 치즈는 노르 웨이의 잘스버그(Jarlsburg) 치즈와 유사하나 프로피온균에 오염 된 형태의 치즈다.

가우다(Gouda) 치즈

가우다 치즈는 네덜란드에서 생산하는 치즈의 60%를 차지 한다. 치즈 모양은 편평하거나 원형이며 옆쪽은 둥글고 크기와 무게는 다양하다. 가우다 치즈는 탈지하지 않은 신선한 원유를

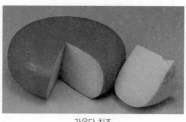

가우다 치즈

이용하기 때문에 지방 함량이 높다. 4~20kg의 덩어리나 편평한 원형 으로 만들며 6~60주를 거쳐 숙성한다. 치즈의 조성은 평균 40%의 수

분 함량과 60% 고형분 함량이며 지방 함량은 48%다. 15℃에서 숙성하면 기간이 지남에 따라 작은 치즈 눈이 형성되고 감미로운 풍미 물질이 생성된다. 부드러운 조직도 견고하고 건조한 조직으로 바뀌지만 나이프로 절단할 만한 정도다. 2년 정도의 숙성을 하면 수분 함량이 40%에서 34%로 감소된다.

에담(Edam) 치즈

에담 치즈는 네덜란드에서 생산하는 치즈의 20%를 차지하며 붉은색의 왁스를 칠한 공 모양의 치즈로 다른 유형의 치즈들과 쉽게 구별된다. 에담 치즈는 저녁에 착유한 우유를 탈지한 것에 아침에 착유한 신선유를 혼합해 만들기 때문에 지방 함량은 40%로 가우다 치즈보다 낮다. 2~4kg 정도 되며 6개월 이상 숙성하므로 가우다 치즈에 비해 연하고 끈기가 약한 조직을 갖는다. 적은 수의 작은 치즈 눈을 가지며 밀납과 같은 유연한 밀도(body)를 갖고, 맛은 글루타민에 의한 감미로운 맛을 지닌다. 큐민(약간 매운맛이 나는 허브 향신료)이나 후추 등 다양한 허브를 치즈에 첨가하기도 하며 왁스에 첨가하기도 한다.

에담 치즈

마츠담 치즈(Maasdam cheese)

마츠담 치즈는 특별한 스타터 미생물을 사용해 제조되는 네덜란드 치즈로 비교적 최근에 공정이 확립된 치즈다. 마츠담 치즈의 특징적인 외관은 치즈 상층부에 둥근 지붕 모양의 돔을 형성하고 있다는 점이다. 이런 모양으로 인해 별칭이 'Dutch

holy cheese'다. 치즈 내부에 큰 치즈 눈이 있으며 이것은 프로피온산 박테리아에 의해 생성된 것이다. 마츠담 치즈는 견과(nutty) 맛이 있으며 무게는 12kg와 16kg 두 가지가 생산되고 지방 함량은 45%다.

마츠담 치즈

암스테르담(Amsterdam) 치즈

암스테르담 치즈는 가우다 치즈와 동일한 48%의 지방 함량

을 갖고 있다. 그러나 수분 함량이 높기 때문에 좀 더 소프트한 편이다. 암스테르담 치즈의 무게는 6kg으로 비교적 작은 편이며 대부분 수출용으로 소비된다.

암스테르담 치즈

농가형 Dutch 치즈의 구분

유가공장(factory) 치즈와 농가(farmhouse) 치즈를 쉽게 구분하는 방법은 치즈 표면에 날인된 치즈 스탬프로 가능하다. 유가공장 치즈용 스탬프는 원형이고, 농가 치즈용 스탬프는 사각형(angular) 형태로 내부에 'boerenkaas'라는 단어가 들어 있어 이를 통해 치즈가 생산된 지방을 알 수 있다. 치즈 스탬프는 정부에서 통제하는 제도로 스탬프에는 치즈이름, 생산지역, 지방 함량(FiDM), 언제 어디서 치즈를 제조했는지 배치(batch)가 표시된 번호, 검사부서(Control station)의 코드번호 등이 포함되어 있다.

유가공장 치즈는 저온처리 우유로 제조되며 비교적 맛이 고른 반면 농가 치즈는 제조 농가마다 맛이 다르다. 농가마다 치즈의 맛이 다른 것은 우유의 특성 때문으로 토양의 종류, 사료의 조성 등에 따라 독특한 치즈 맛을 지니게 되는 것이다. 물론 우유를 착유하고 열처리하는 과정, 치즈를 숙성하는 시간에 따라 치즈 맛이 달라지기도 한다. 예를 들어 어떤 종류의 치즈는 신선할 때 먹어야 최적의 맛을 낸다고 한다면 다른 종류의 치즈는 좀 더 숙성이 되었을 때만 최적의 맛을 낸다.

농가 치즈와 유가공장 치즈의 차이점을 더 설명해 본다면 치즈 제조 농가의 제조자는 자신이 제조하는 치즈 원료유에 대해 잘 안다. 따라서 그 원료유를 어떻게 다루어야 하는지에 대해서도 익숙하다. 또 우유를 착유하고 냉각·저장하는 생산 과정의 어떤 포인트에서 어떻게 위생적으로 다루어야 하는지,

무엇을 집중적으로 주의해야 하는지도 잘 알고 있다. 그러나 유가공장에서는 수많은 농가들로부터 수집된 우유를 원료유로 사용하기 때문에 원료유의 품질이 일정하지 못하다. 최종 생산물의 품질을 보장하기 위해 최소한의 저온 살균처리도 해야 한다. 따라서 앞서 설명한 일반적인 맛을 지니게 된다.

좀 더 깊이 그 차이점을 설명해 본다면 치즈가 연중 어느 때 제조되었는지에 의해서도 차이가 존재한다. 생초를 먹인 우유로 만든 치즈(Grass cheese)인지, 여물을 먹여 생산한 우유로 제조하였는지, 건초를 먹여 생산한 우유로 제조하였는지, 봄철인 5월에 제조한 것인지, 가을철인 9월에 제조한 것인지 등 다양한 변수가 존재하며 목초를 사료로 먹인 치즈는 다시 젖소를 축사에 가두어 사육하면서 착유한 것인지, 생초를 먹인 젖소는 목장에 방목하여 먹인 것인지 등이 고려해야 할 사항에 포함된다.

그중에서 새콤한 풍미(sourish flavour)를 지닌 풀 크림(full cream) 치즈를 5월 치즈(May cheese)라고 하는데 5월 치즈는 연중 어느 때라도 구입할 수 있다. 그러나 후레시 타입의 치즈는 제조된 후 2~3개월 안에 소비해야 한다. 농가 치즈로 5월 치즈를 구입한다면 무난하지만 치즈 소매상인이 5월 치즈를 연중 수시로 팔고 있다면 문제가 된다. 따라서 치즈 상점에서 농가 치즈를 구입할 때는 반드시 치즈 스탬프를 보여줄 것을 요구하는 것이 바람직하다.

치즈의 원산지 표시제도

프랑스나 이탈리아 등의 국가에는 포도주나 농가에서 생산한 품목에 적용하는 고유의 원산지 및 등급제도가 있다. 이를테면 프랑스의 AOC(Appellation d'Origine Contrôlèe), 독일의 QmP(Qualitätswein mit Prädikat)와 QbA(Qualitätswein bestimmiter Anbaugebiete), 이탈리아의 DOC(Denominazione di Origine Controllata) 등이 있는데 치즈도 이와 마찬가지로 원산지 통제제도 인증을 받을 수 있다.

프랑스의 AOC 카테고리와 제조조건

프랑스의 원산지 통제제도(AOC)에 의해 허용되는 네 가지 제조유형은 농가형, 수공예가형, 조합형 및 산업형이다. 목장의

부속시설에서 생산되는 농가형 치즈는 품질을 보증받지 못한
다. 단지 전통적인 방식으로 제조된 치즈라는 데 의미가 있다.

카테고리	제조조건	생산수량	주요 판매처
농가형 치즈 (termier)	개별 생산자가 자신의 목장에서 생산되는 유(우유, 산양유, 면양유)를 이용해 전통적인 방식으로 생산한다. 이웃 목장의 우유를 사용해서는 안 된다. 살균하지 않은 유로 제조한다.	소규모	지역시장 또는 대도시의 치즈판매장. 일부는 타국으로 수출하기도 한다.
수공예가형 치즈 (artisanal)	개별 생산자가 자신의 목장에서 생산되는 유 또는 치즈제조용 유를 구입하여 제조한다. (제조자는 유가공장의 소유자이며 사용하는 유는 외부에서 구입할 수 있다.)	소규모 ~중규모	지역시장 또는 소도시 근교의 치즈판매장.
조합형 치즈 (coopératives)	조합원 목장의 우유에서 유를 공급받고 단일 유가공장에서 치즈를 생산한다.	중규모 ~대규모	프랑스 전역
산업형 치즈 (industriel)	우유생산자들로부터 유를 구입하고 일부는 먼 지역의 유를 사용하기도 한다. 생산은 기업체에서 한다.	대규모	프랑스 전역. 일부는 타국으로 수출하기도 한다.

프랑스 원산지 통제제도에 의해 허용되는 제조유형

프랑스 AOC 치즈의 종류

프랑스의 AOC(Appellation d'Origine Contrôlèe)는 와인, 생수, 낙농품 및 농가 생산물에 적용되는 제도다. 이 명칭을 사용한 치즈는 일정한 품질의 제품으로 생산조건이 확립된 특정지역 내에서 생산되었음이 보증된 제품이다.

AOC 제도는 법에 의해 제정되었으며 그중 처음의 제도가 1919년 5월 6일 제정된 '원산지보호를 위한 법률'이었다. 이 법은 지역, 지방 및 코뮌(commune: 시, 읍, 면 정도의 프랑스 최소 행정구)을 포함한 제품의 생산처와 제품의 원산지를 규정하고 있다. 이 법의 제정 이후 '국립원산지명칭연구소(INAO: Institut National des Appellations d'Origine)'가 설립된 현재까지 수차례 개정이 이루어졌다. 이 기관은 농림부 산하기관으로 제조업체와 소비자, 정부의 세 축을 대표한다.

AOC는 공식 출판물을 통해 사용하는 유의 종류, 지역, 생산방법 및 숙성기간 등 각종 치즈 품질에 관한 세밀한 조항을 정해 기준을 고시한다. 어떠한 위반이 있을 시에는 조사를 받게 되며 3개월에서 1년 이내의 구금을 포함해 벌칙과 벌금을 물게 된다. 치즈의 가격은 상점이나 숙성 정도에 따라 다양하다. 대형의 경성치즈는 무게 단위로 판매되며 소형의 연성치즈는

Maison du Lait (프랑스 우유협회)의
치즈원산지 표기지도

덩어리 단위로 판매된다. 1975년에 AOC 인증이 시작된 이래 1998년까지 우유 치즈 24종, 산양유 치즈 8종, 면양유 치즈 2종, 혼합유 치즈 3종 등 총 36종의 AOC 치즈가 인증되었으며, 치즈 생산량은 17만 톤 규모로 1996년을 제외하고 매해 꾸준한 증가 추세에 있다.

이탈리아의 PD 치즈

이탈리아는 연간 1,000만 톤의 우유를 생산하지만 1,500만 톤의 우유에 해당하는 양의 유제품 소비가 이루어지고 있다. 이탈리아는 낙농제품(dairy commodity)을 수입하고 낙농 특별품(dairy specialties)을 다소 수출한다. 이를 가치로 환산하면 760만 톤의 우유 환산액에 해당하는 27.6억 유로(약 4.28조 원)의 낙농제품을 수입하고, 250만 톤(평균 kg당 약 900원)의 우유 환산액에 해당하는 14.7억 유로(약 2.28조 원)의 낙농제품을 수출하고 있는 셈이다. 좀 더 자세히 살펴보면, 2008년에 이탈리아는 14.3억 유로(약 2.22조 원)에 해당하는 치즈를 수입하고 14.1

연도	총생산량(톤)	PD치즈(톤)	일반치즈(톤)
1980	614,706	264,462	350,244
2000	958,062	425,262	532,800
2005	1,022,268	451,556	570,712
2006	1,004,918	450,320	554,598
2007	1,011,218	459,466	551,752
2008	1,006,369	459,532	546,837

지난 30년간 이탈리아 치즈의 생산 규모(단위: 톤)
(출처: Assolatte)

억 유로(약 2.21조 원)의 치즈를 수출하였다. 이렇게 표시보호제도에 의해 부가된 가치를 지니는 치즈를 PD(Protected designation) 치즈라고 한다. PD치즈는 다시 PDO(Protected Designation of Origin: 원산지표시보호), PGI(Protected Geographical Indication: 지리적표시보호), TSG(Traditional Specialty Guaranteed: 전통특산품보증) 등으로 구분한다.

현재 45%의 이탈리아 치즈 생산품은 PD급이며 이러한 추세는 여전히 긍정적이다. 이중에서 이탈리아 PDO 치즈의 상위 랭킹 5위에 해당하는 그라나 파다노(Grana Padano), 파미지아노 레지아노(Parmagiano Regiano), 고르곤졸라(Gorgonzola), 모짜렐라 디 부팔라 캄파나(Mozzarella di Bufala Campana), 페코리노 로마노(Pecorino Romano) 등이 전체 PDO 치즈 생산 규모의 78%를 차지한다.

스위스의 AOC 규정

스위스 연방 농업사무소에서 2001년 제정한 스위스 AOC(Appelation of Origin Controlled) 규정에서는 각 치즈 제품에 대해 권한을 보장하기 위하여 명칭보호, 생산지역, 제품의 규격(최소 숙성기간, 물리적, 관능적 특성, 화학적 조성), 젖소에게 급여하는 사료에 대한 규정(사료로서 엔실리지 급여 금지, 젖소 두당 초지 면적 준수, 발효사료 급여 금지, 허용된 청초사료 및 첨가제 급여, 허용된 건초의 종류와 첨가제 급여, 허용된 농후사료 급여, 동물성사료 급여 불허 등), 성장

스위스 그뤼예르 치즈 AOC 표시

촉진제 투약 불허, 우유의 냉장저장 및 수송, 목장에서 유가공장으로 가져온 우유의 품질규격, 치즈 제조방법과 제조시설, 숙성실 조건과 린드 형성, 숙성, 소가 여름철을 보내는 산악 지역의 초원 조건 및 알파주(Alpage)에서 생산되는 섬머(summer) 치즈 제품의 규격, 표시, 제품 테스트(2차례의 평가와 등급), 등급 기준, 치즈 절단 테스트(치즈 눈 형성에 관한 테스트), 맛과 향기, 조직, 외관 등의 테스트 기준, OIC(칸톤연합기구)에 의한 인증위원회 등에 대하여 규정을 짓고 있다.

에멘탈 AOC 개념의 품질 평가는 분류, 평가 및 관리 등 3가지 원리에 바탕을 두고 있다. 치즈 도매상이 농장에서 치즈를 수집해 갈 때 각각의 치즈의 중량을 달아 1, 2, 3등급으로 분류한다. 등급은 치즈 눈의 수나 분포수준, 조직 치밀도, 맛, 아로마, 외관 형태 및 숙성특징 등에 따라서 전문가에 의해 부여된다. 품질 평가항목들에 대한 엄정성을 지키기 위하여 독립된 기구에서 일정한 품질등급 기준을 설정하여 평가를 수행한다.

치즈에 대한 오해와 진실

자연산 치즈로 혼동하는 크림치즈, 스프레드의 오해와 진실

소비자들 가운데 유독 수입산 크림치즈를 좋아하는 분들이 많은 것 같다. 그런데 인기리에 판매 중인 크림치즈를 가만히 살펴보면 탈지우유에 유지방을 첨가하고 농축유청 단백과 유청을 첨가했음을 쉽게 알 수 있다. 가공치즈를 규정하는 미국의 연방규제코드 21(21 Code of Fedral Regulations)에 의하면 가공치즈 블록(processed block)에는 자연산 치즈와 허용된 유화제, 소금, 색소 등을 첨가할 수 있다. 여기에 우유에서 분리한 우유 성분(예를 들어 카제인, 버터, 탈지분유 등)을 추가로 첨가하면 가공치즈 식품(processed cheese food)으로 구분하고, 우유성분이 아닌 기타 식품 원료를 첨가하면 가공치즈 스프레드(processed cheese spread)로 구분한다. 따라서 치즈라든가 치즈식품이라는 용어에 안심할 수 없는 것이다.

자연산 크림치즈의 진실은 이렇다. 목장형 자연 치즈라면 농가에서 착유한 우유에서 크림을 분리해 농가에서 직접 제조해야 한다. 분리한 크림에 향긋한 방향물질(dicaetyl)을 생성하는 젖산균을 접종하고 하룻밤 지나면 새콤한 발효크림이 된다. 이 크림을 치즈 천에 담아 매달아 두면 유청은 모두 빠지게 되고 엉겨있는 덩어리가 바로 자연 크림치즈인 것이다. 수입산 크림치즈 스프레드(spread)는 목장우유가 아닌 기타 식품재료(일부는 낙농식품)를 원료로 사용해 크림치즈보다 더 매끄럽고 부드러운 조직을 갖게 한 가공치즈다. 우리나라에 많은 양이 수입되어 소비되고 있는 크림치즈 스프레드에는 안정제로 알긴산소다(sodium alginate)와 카라기난(carrageenan) 등이, 방부제로 소르빈산(sorbic acid)이 사용된다. 지방 함량이 약 10%가 되는 크림으로 제조한 더블크림 치즈는 부서지기 쉬운 조직을 가지며 지방 함량이 5% 수준인 싱글크림 치즈는 바르기에 좋은 조직을 갖는다.

크림치즈와 같은 종류의 신선치즈로 프랑스의 뇌프샤텔(Neufchâtel) 치즈와 작은 치즈라는 뜻의 프티 스위스(Petit Suisse) 치즈가 있는데 두 가지 모두 더블크림 치즈이며 단지 조성에서 약간의 차이가 있다. 이탈리아의 마스카포네(Mascarpone) 치즈는 20~45℃에서 발효시키는 다른 크림치즈와 달리 산성화

방법 및 응고 방법이 다른 치즈다. 즉 유기산을 첨가해 pH를 5.0~5.6으로 조절하고 90~95℃로 가열해 제조한다.

국내 가짜 치즈의 오해와 진실

2011년 전국의 소비자들이 가짜 치즈 소동으로 어리둥절해 한 적이 있다. 인터넷 상에서도 워낙 말이 많아 필자도 몇 번 관련 글을 들여다보기도 했다. 그즈음 가짜 치즈 제조방법을 시연해 달라는 방송사의 요청도 있었다. 하지만 당시의 소동은 '표시 사항 위반에 의한 사건'으로 정리해 볼 수 있다.

가짜 치즈와 가공치즈는 엄연히 다르다. 중국산 가짜 계란, 가짜 와인 파동이 일어났을 때는 사람이 섭취해서는 안 될 성분이나 불법 제조 과정이 문제의 중심이었다. 그러나 가짜 치즈 소동이 일어났을 때 '가짜'의 의미는 조금 다르게 적용된 것 같다.

대부분의 치즈 전문가들은 가공치즈 유사품이라는 뜻의 'Processed cheese analoge'라는 용어가 있음을 알고 있다. 'Processed cheese analoge'란 대두유에 카제인염(caseinate) 등을 혼합해 만든 저급의 가공치즈로 치즈의 일종이라 할 수 있다. 가공치즈는 배합을 통해 다양한 맛과 조직을 창출하는 유제품의 하나다. 자연 치즈에 비해 별도의 가열을 한다든가 유화제를 반드시 사용해야 한다는 점이 다를 뿐이다. 식품으로 인정하기 어려운 원료를 사용했다면 가짜 치즈라고 부를 수 있겠지만 수급용 또는 식품원료용 낙농품을 원료로 사용했다면 가짜 치즈라고 단정 짓기 어려운 것이다. 언론에 보도하기 전에 해당 분야의 전문가에게 먼저 사실을 확인한 후 문제의 핵심을 보도하는 것이 소비자들에게 올바른 정보를 제공하는 언론의 자세일 것이다.

숙성 치즈는 냄새가 고약하다는 오해와 진실

숙성 기간이 더할수록 치즈의 냄새와 향이 더 강해지는 것은 자연적인 현상이다. 그러나 그 향과 냄새가 모두 고약한 것은 아니다. 낙산균(혐기성의 식품오염균)에 의해 이상 발효가 일어난 치즈, 즉 잘못 숙성된 치즈의 냄새가 고약한 것이다. 서양 사람들도 고약한 냄새를 좋아하지 않는다.

우리의 청국장 냄새는 어떤가? 오래전 남미로 이주한 고모님께서 청국장이 너무 먹고 싶어 메주를 직접 만들고 어느 날 저녁 집에서 청국장을 끓였다. 그랬더니 아파트 전체에 난리가 나고 경찰이 신고를 받아 출동하였다. 무슨 일인가 했더니 출동한 경찰이 썩은 냄새의 진원지로 고모님 댁을 지목한 것이었다. 만약 숙성치즈의 냄새가 이 정도로 고약하다면 할 말이 없을 것이다. 그러나 정상적으로 숙성된 치즈는 향기롭고 좋은 맛이 난다. 그 향과 냄새에 익숙하지 않은 것뿐이지 고약한 냄새는 아니라는 얘기다. 숙성치즈 냄새에 익숙해지면 그 향기를 즐기게 될 것이며 오히려 좀 더 숙성된 맛과 향을 찾게 될 것이다.

스위스에서는 판매하고자 하는 치즈에 대해 '생산자 출하업무규정'에 의해 치즈의 외부와 내부를 검사하고 등급을 결정한다. 내부 검사에서는 치즈의 내부 조직을 보기도 하고 치즈눈의 형성이 어떠한지 양쪽을 타진하는 방식으로 실시한다. 그리고 등급에 따라 1등급은 'Prima kase', 2등급은 'Sekunda kase', 3등급은 'Tetia kase'로 표시한다. 이와 같이 엄격한 검사를 마친 치즈에서는 고약한 냄새를 전혀 느낄 수 없다.

우유를 먹으면 속이 거북한데 치즈는 괜찮을까?

우유를 먹으면 유당 때문에 속이 더부룩해지는 사람들이 많다. 간혹 30분 이내에 배가 거북해져서 화장실에 가야 하는 사람들도 있다. 이러한 증상을 유당불내증(lactose intolerance)이라고 하며 거북함을 느끼는 시간과 현상에 따라 상태를 조금 더 세분하기도 한다. 그런데 다행히 치즈에는 유당이 거의 없다. 치즈의 주요 성분은 단백질과 지방, 수분이고 식품의 3대 영양소 중 하나인 탄수화물(유당)은 미량이 들어가 있다. 우유에서 분자 용액의 형태로 존재하던 유당은 커드 덩어리(단백질 그물망)에 남지 못하고 모두 수분에 용해된 상태이므로 커드에서 빠져나와 유청 용액이 된다. 커드에 소량 잔류하는 유당은 젖산균에 의해 분해되어 더 이상 당(糖)으로 존재하지 않는다. 따라서 우유를 소화시키지 못하는 사람, 즉 유당분해 능력이 떨어지는 사람이 치즈를 먹어도 아무 문제가 없다.

언젠가 막내 딸아이의 열이 많이 올라 야간에 병원을 방문한 적이 있다. 그때 우리보다 한걸음 먼저 등록한 어떤 환자가 간호사와 상담을 하며 지독한 설사를 했노라 토로하는 것을 들었다. 그리고 약국에서 다시 마주친 그 환자는 약사의 말을 듣고 있었는데 필자의 귀에도 그 이야기가 들렸다. 그런데 약을 복용하면서 먹으면 안 되는 음식 종류를 설명하는 대목에서 '치즈'라는 단어가 나오는 게 아닌가? 본능적으로 정신이 바짝 들었다. '치즈를 먹지 말라고?' 필자는 자리를 박차고 일어나 약사에게 다가가 물었다. "실례지만 저 환자에게 왜 치즈를 먹지 말라고 하셨죠?" 약사는 별일 아니라는 듯 "치즈에는 유당이 많이 들어 있는데 우리나라 사람들은 유당불내증이 많아서 그렇습니다."라고 친절히 설명을 해주었다. 그래서 그 사실을 어떻게 아셨냐고 다시 질문했더니 대학 강의 시간에 들은 내용이라는 것이었다. "그러면 잘못 배우셨네요. 치즈에는 유당이 없습니다." 필자가 말을 마치자 잠시 동안 말이 없던 약사는 이렇게 말했다. "그냥 습관적으로 나오는 말이라 제가 생각 없이 얘기했나 봅니다." 의학 전문인으로서 환자를 성심껏 대하는 것이 아니고 앵무새처럼 반복해서 하는 말로 환자를 대하다니…… 필자는 다소 안타까운 마음이 들었다.

치즈의 숙성

숙성실의 비밀

치즈의 숙성은 고도의 정밀한 관리가 필요하며 숙성 진행
상황을 매일 파악해야 하는 노력이 필요하다. 기업형 치즈공장
에서는 온도와 습도를 조절할 수 있는 숙성실을 보유하는 것이
일반적이지만 농가형 치즈공장에서는 보통 자체 숙성실을 운영
하는 경우보다 공동의 숙성실(affinage)을 운영하는 경우가 많다.
다시 말해 커드를 제조하는 일과 성형된 커드를 숙성하는 일
을 분업하는 것이다. 동일한 유형의 치즈를 생산하는 농가들은
제조기준에 의해 동일한 품질과 모양의 치즈를 만들기만 하면
된다.

아펜젤 치즈공장의 내부

스위스 동북부 아펜젤(Appenzell) 지역에 있는 아펜젤 치즈 체험장을 가보면 두 가지 볼거리가 있다. 하나는 치즈 만드는 현장을 위층에서 유리창을 넘어 견학하는 것이다. 그러나 그보다 흥미로운 것은 동일한 모양으로 복제한 것처럼 수많은 치즈들이 숙성실 선반에 가득 놓여 조용히 숨을 쉬면서 수도를 하는 듯한 모습이다. 또 높은 선반에 놓여있는 치즈를 기계가 자동으로 꺼내어 닦고 다시 뒤집어 제 위치로 되돌려 놓는 모습 또한 인상적이다.

아펜젤 치즈공장에서도 직접 제조하는 치즈가 있지만 근처 약 50여 치즈 농가에서 제조해 온 치즈들을 모두 모아 숙성실에서 함께 숙성한다. 치즈의 형태를 만드는 곳은 각기 다르지만 숙성하는 곳이 동일하기 때문에 모두 '아펜젤'이라는 용어를 사용할 수 있게 된다.

2011년 가을, 필자가 낙농가들과 함께 아펜젤 치즈 체험장을 방문했을 때 우리가 가장 궁금했던 것은 어떻게 벽면에 응축수도 생기지 않고, 바닥에 물 한 방울 고여 있지 않은 상태로 온도와 습도를 조절할 수 있는가 하는 것이었다. 나중에 루체른(Lucerne) 북쪽에 위치한 유가공기술 전문학교를 방문했을 때 그 비밀을 직접 목격하게 되었다.

그 비밀은 지하에 설치된 공조실과 숙성실에 있었는데 공조실에는 숙성실에 공급하는 공기의 미세먼지와 세균까지 여과하는 HEPA 필터장치가 있었고, 숙성실 냉각 유니트 쿨러에 공급하는 물을 깨끗하게 정화하기 위한 정수장치 뿐만 아니라 우유 살균에 필요한 가열매체인 스팀을 생산하는 보일러 등이 설치되어 있었다. 이 지하 공조실은 가정집 거실처럼 먼지나 기름때 하나 없이 깨끗함 그 차제였다.

숙성실 설계를 교육하는 모델 숙성실로 들어서며 안내를 맡은 한스(Hans) 교수의 설명이 이어졌다. 아래 그림에서 볼 수 있는 것처럼 맨 아래쪽에 여과된 공기가 공급되면 냉매 파이프 라인을 지나면서 찬 공기가 되거나 바로 위에 장착된 전기 가열선을 통과하면서 공기 온도가 조절된다. 상부 원추형의 공간 바로 아래에는 소형의 송풍 팬이 설치되어 있고, 팬 위쪽에는 공조실에서 정화시킨 물을 미세하게 분사하는 노즐이 설치되

치즈 숙성실 유니트 쿨러 내부구조

어 있다. 미세한 습기를 머금은 공기는 송풍기를 타고 숙성실 전체에 설치해 놓은 냉각공기 공급 라인을 통해 퍼지게 되는데 이러한 시스템을 통해 숙성실의 온도가 항상 일정한 온도(14~17℃)와 습도(85~90%)를 유지할 수 있다는 것이다. 아울러 한스 교수는 공기의 송풍 속도를 3~4m/

sec로 맞추어 주는 것이 매우 중요하다고 강조했다.

숙성실 벽체에는 앞의 그림 왼쪽에서 보는 것처럼 벽에 가로로 설치한 4단의 지지대에 고정시킨 파이프를 통해 온수가 흐르도록 하고 있어 벽체의 습한 공기가 응축되지 않도록 하고 있다. 사실 우리나라 목장형 유가공장은 숙성치즈를 위주로 생산하는 것이 아니어서 이와 같은 장치를 갖춘 숙성실은 '㈜숲골유가공연구소'를 제외하고는 아직 찾아보지 못했다. 또 유가공기술 전문학교의 실습교육에 사용하는 수많은 유가공 기계들은 모두 해체가 가능하거나 내부를 속속들이 들여다볼 수 있게 제작되어 내부 구조를 이해하는 데도 큰 도움이 되었다.

숙성실은 생산하는 치즈의 종류마다 유지조건이 다르지만 연중 10~12℃의 일정한 온도를 유지하는 것이 일반적이다. 치즈 눈이 만들어져야 하는 치즈의 숙성에는 20℃로 유지하는 숙성실이 하나 더 필요하다. 치즈마다 적절한 습도가 있기 때문에 다른 유형의 치즈와 함께 숙성하는 것은 피해야 한다. 곰팡이 치즈와 초경질 치즈를 함께 숙성시키면 교차 오염이 일어날 가능성이 높다. 곰팡이 치즈에는 높은 습도가 요구되지만 그라나(Grana) 치즈와 같은 초경질에는 낮은 습도가 요구된다. 치즈 숙성은 반드시 잘 조절된 환경을 갖추어야 하는 것은 아니다. 독일의 칼트바흐 치즈 숙성실은 수직으로 내려가는 광산 동굴이지만 천연의 동굴을 가진 스위스 고산 지역에는 자연 동굴을 이용한 숙성실이 많다고 한다.

2010년 필자가 이탈리아를 방문했을 때 한 번은 예고도 없이 주택가에 위치한 작은 그러나 파다노 치즈공장의 생산실과 숙성실을 견학하게 되었는데 그 숙성실에는 2~3년 정도 숙성된 치즈와 갓 들어오는 치즈들을 포함해 큰북 모양의 치즈가 약 42,500개 정도 관리되고 있었다. '값으로 치면 얼마나 될까?' 호기심이 들어 계산해보니 한 덩어리의 치즈가 약 230유로였으므로 우리나라 돈으로 대략 150억 원에 달했다. 이렇게 귀한 생산품을 보관하면서 삼엄한 담도 하나 없고 경비실도 없는 모습에 필자는 괜한 걱정거리가 하나 더 늘었다.

치즈에서 들려오는 소리

치즈가 숙성되는 동안 치즈에는 어떤 변화가 생길까? 스위스 치즈의 예를 들어보자. 약 100kg의 치즈에 1,000~2,000여 개의 구멍이 생기면 압착된 치즈는 약 2일간 소금물 속에 담근다. 이때 수분을 잃고 소금을 흡수하게 되며 치즈 형태를 안정하게 유지시키고 발효가스가 치즈 외부로 쉽게 빠져나가지 못하게 하는 외피(rind)가 형성된다.

보통 스위스 치즈 숙성실의 유지 온도는 3단계로 구분된다. 처음에는 일반적인 12~16℃의 서늘한 숙성실에서 5~20일간 저장한다. 그 기간이 지나면 다시 치즈를 19~24℃의 발효실에서 6~8주간 저장한다. 이 기간은 맛을 숙성시키는 기간이라기보다는 품질을 유지하기 위한 기간으로 보는 것이 타당하다. 이처럼 따뜻한 곳에서 숙성하는 이유는 치즈 눈이 형성되는데 필요한 프로피온산 발효가 일어나도록 하는 것이다. 이때 발생한 이산화탄소 가스는 밖으로 배출되지 못하고 치즈 내부 여러 군데에 모여 팽창하게 되는데 이것이 바로 유명한 에멘탈 치즈 눈이 되는 것이다.

바로 이 시기에 고요하던 숙성실에서는 치즈들이 서로 주고받는 울림이 있는 나지막한 소리가 들려온다. 손이나 나무망치로 치즈를 살짝 두들겨 보면 더 확실하게 이 소리를 들을 수 있다. 이 울림소리가 치즈의 숙성 정도를 알려주는 소리다. 마치 엄마 뱃속에서 잉태된 새 생명이 어느 덧 배를 발로 찰 만큼 잘 성장하고 있다는 신호를 보내는 것과 같이 치즈가 잘 익어가고 있다는 암시인 것이다. 실제로 스위스에서는 숙성실 아이를 양육한다고 표현한다.

발효실에서는 치즈를 자주 뒤집어 주어야 한다. 저장실에서는 일주일에 한 번씩 뒤집어 준다. 치즈를 자주 뒤집어 주는 이유는 무엇일까? 그 이유는 아직 머리가 연약한 신생아들의 뒤통수를 예쁘게 만들어 주기 위해 오른쪽 왼쪽으로 머리를 돌려 눕히는 어머니의 심정과도 똑같기 때문이다. 치즈를 자주 뒤집어 주지 않으면 한쪽으로 치즈 눈이 쏠리게 되기 때문이다. 이러한 치즈들은 좋은

치즈 숙성실의 관리 모습

등급으로 판매되지 않는다.

　마지막으로는 치즈를 골고루 닦아주고 11~14℃의 숙성실로 옮겨서 치즈 도매상에게 수집될 때까지 3개월간 저온 숙성한다. 도매상인들은 필요에 따라서 자신이 보유한 큰 숙성실에서 더 숙성을 시키기도 한다. 부드러운 에멘탈 치즈 AOC는 최소 4개월의 숙성기간을 가진 후에 판매된다. 더 오랫동안 숙성하면 더 강한 풍미와 향을 갖게 된다.

품격 있게 치즈 자르는 법

와인잔을 들 때 소주잔을 잡을 때처럼 선뜻 들지 못하고 망설이게 되는 건 뭔가 우리에게 익숙하지 않은 서양식 에티켓이 있을 것이란 일종의 두려움 때문일 것이다. 와인은 반드시 치즈와 함께 즐겨야 하는 음식으로 인식하는 등 그동안 학습해보지 못한 서양식의 안주 문화도 어쩌면 분위기를 어색하게 하는 일일 것이다. 그런데 치즈는 자르는 방법에 있어서도 적잖이 상식이 필요하다.

치즈를 수박 자르듯 잘라야 하는지 깍두기 모양으로 잘라야 하는지 쉽게 결정하지 못하는 것은 치즈의 형태가 워낙 다양하기 때문이다. 작은 덩어리의 치즈는 자르기가 만만하지만 큰북 모양의 그라나 치즈나 마차 바퀴 모양의 스위스 치즈는 아예 치즈 샵(shop)에서 소분하여 판매한다. 그럼 가정에서는 어떻게 치즈를 잘라 접시에 담아야 멋진 분위기와 품격이 살아날까?

치즈 절단의 기본 요령은 치즈의 맛을 골고루 맛볼 수 있도록 외피로부터 중앙에 이르기까지 모든 부분을 포함해 자르는 것이다. 커드를 자르는 방식은 치즈 형태와 크기마다 다른데 몇 가지 형태의 치즈를 예로 들어보자.

원반형 치즈

원반형의 치즈는 정중앙으로 1차 절단한 후 부채꼴 모양으로 자른다. 치즈 조각은 사각형 모양이 되도록 일정한 두께로 절단해 자른 면을 바닥으로 뉘이고 외피가 붙어 있는 쪽을 넓게 삼등분한다. 외피가 없는 내부 쪽은 조각의 밑면을 이등분해 전체 모양이 부채꼴이 되도록 자른다. 만일 외피가 두껍거나 파라핀 왁스를 입힌 원반형의 치즈를 부채꼴 모양으로 분리해 냈을 경우에는 절단한 양면의 위쪽과 아래쪽 면을 좌우로 노출시키고 세워 가식 부분의 치즈와 비가식 부분의 외피나 코팅 물질을 치즈 나이프로 벗겨낸다.

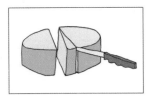

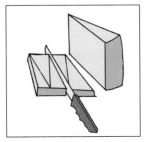

원반형 치즈의 절단 요령

원반형 에멘탈 치즈를
사각형으로 절단한 조각

사각형 치즈

사각형의 치즈는 좌측이나 우측으로부터 두부 썰듯이 절단하거나 이등분하여 한 덩어리만 깍두기 모양으로 먹을 만큼 썰어 놓고 나머지는 치즈 향이 휘발하는 것과 치즈가 건조해지는 것을 방지하기 위해서 그대로 두었다가 치즈가 부족하면 다시 썰기를 한다.

피라미드 모양 치즈

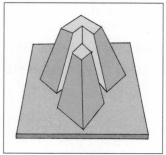

발랑세 치즈의 경우
· 절단 요령

산양유로 만든 치즈 중에서 피라미드 모양의 발랑세 치즈는 사면의 중앙을 기준으로 윗면에 열십자를 긋고 아래로 절단하여 네 개의 작은 사면체가 만들어 지도록 자른다. 더 작은 조각으로 자르려면 다시 절단한 조각 가운데를 향하여 삼각형의 모양이 되도록 자른다.

치즈 절단용 나이프

가정에서 치즈를 자를 때 사용하는 칼은 절단용의 날이 있는 부분과 치즈를 찍을 수 있도록 칼끝에 굽은 모양의 포크가

치즈용 포크나이프

치즈 절단용 기구

달린 포크나이프를 사용하는 것이 좋다. 외국여행 중에 관광 상품으로 흔히 찾아 볼 수 있는 기념품으로 치즈를 절단할 때 비단결 슬라이스를 만들기에 적합한 원형의 고정대(Curler, 불어 le racloir)가 있다. 내부에는 네 종류 정도의 치즈 나이프가 포함되어 있다. 고정대 바닥에는 날카로운 고정용 돌출부가 있는데 치즈를 잡아주는 역할을 하며 회전 나이프를 회전시키면 비단결 슬라이스가 만들어진다. 슬라이스는 요리 위에서나 입안에서 사르르 녹는 정도다.

치즈와 문학, 그리고 음악

　　스위스에서는 여름철에 해발 1,800m 이상의 알프스 산악지대에 소와 산양을 몰고 올라가 산야초를 먹고 생산된 우유로 치즈를 만들고 눈이 내리기 전인 9월 20일 이전에 생산된 모든 치즈를 가지고 산에서 내려온다. 이날은 각 지역의 축제가 벌어지는 날이기도 한데, 이러한 치즈는 한층 더 높은 품질의 제품으로 간주되어 알파주(Alpage) 치즈, 서머(summer) 치즈라고 부르며 상인조합에 의해 등급이 매겨지고 판매가격이 정해진다. 알파주 치즈는 오로지 산악 지역에서 자란 생초와 허브 식물만을 먹은 우유로 제조해야 하고, 소를 기를 수 있는 초원의 면적도 제한되어 있다. 우리 기준으로 말하면 그야말로 천연의 유기농 우유로 만든 치즈인 셈이다.

스위스 산악지대에서 치즈를 만든다는 사실은 할아버지와 함께 사는 소녀 하이디가 이웃집 소년 피터와 다정하게 지내는 소설, 『알프스 소녀 하이디』에 의해 이미 많이 알려져 있다. 알퐁스 도데(Alphonse Daudet)의 소설 『별』에서 도시 소녀 스테파네트 아가씨와 산악 목장에서 만난 양치기 목동이 함께 하룻밤을 지내며 밤하늘의 아름다운 별 이야기를 그린 무대도 바로 이런 곳이었다. 그뤼예르 치즈 생산지역에서 인터라켄(Interlaken)으로 넘어가는 험난한 산악길을 가노라면 쉬어가는 곳에 야운파스(Jaunpass)라는 지명의 마을이 있다. 이 지역을 포함한 스위스 전 산악지역의 1,300개 농가 이상이 지금도 목장형 치즈를 만들고 있다.

베르너 알프 산악지역에서 라클레트 치즈 제조법을 배운 '숲골유가공' 김상철 전 대표가 들려준 이야기가 있다. 어느 여름밤, 하루는 산악치즈 제조 기술자인 동료가 노래를 불러주겠다고 하여 '당연히 요들송을 부르겠지.' 생각했는데 뜻밖에 '아베 마리아'를 부르는 것이 아닌가! 물론 그 곡이 조선대교구 주교였던 학창시절의 친구, 앙베르 신부의 순교 소식을 듣고 구노(Gounod)가 작곡했다는 그 '아베 마리아'인지는 필자가 확인하지 못했다. 하지만 높은 산악에서 한밤중에 부르는 노래의 선율은 산 전체에 조용히 울려 퍼졌다. 노래를 마친 치즈 기술자는 "소들이 내 노래를 들으며 밤이슬이 맺힌 신선한 풀을 먹었을 것이니 좋은 우유가 생산되었을 것이고, 나도 그 우유를 가지고 정성껏 치즈를 만들겠노라." 말했다고 한다.

치즈와 와인, 그리고 빵

한 민족을 구성하며 살아온 우리나라도 세계 10위의 경제권에 들어가면서 다민족 국가의 면모를 갖추기 시작하고 있다. 아직도 제도적으로는 초기 단계에 그치고 있는 상태이고 다문화 가정의 소중함을 인식하기 시작한 것도 불과 몇 년 전의 일이다.

그런데 강남 스타일 문화와 이웃과 정을 나누며 살아가는 지방의 서민 스타일 문화 간에도 확연한 차이가 존재하고 있으니, 이는 오랜 역사를 통해 형성된 한반도 음식문화에 이질적 요소가 혼재하면서부터 시작되었다 해도 과언이 아니다.

지역 간에 이질적으로 느껴지는 것은 와인과 빵, 치즈의 소비와 관련된 맛의 적응속도 차이도 있겠지만 연령층의 차이도 존재한다. 와인은 소비 연령층에 따른 차이가 뚜렷한 것으로 보이며 이미 젊은 소비자들을 중심으로 우리 식탁에 친근하게 다가와 있다. 그러나 우리나라 사람들이 1인당 소비하는 치즈의 양은 연간 2.5kg으로 아시아에서는 일본에 이어 두 번째로 많지만 치즈의 제맛을 음미하며 소비하기 위해서는 아직 좀 더 시간이 필요할 것으로 보인다.

치즈는 와인과 함께 인류가 자연의 생산물을 그대로 발효하기 시작한 가장 오래된 식품 중 하나다. 기원전 42년 고대 로마의 시인 베르길리우스는 '나와 함께 푸른 초원 위에서 쉬자. 우리에겐 잘 익은 과일과 부드러운 호두 그리고 신선치즈가 풍부하구나"라고 노래하였다. 그리스·로마 시대의 로마인들은 감미로운 백포도주와 올리브 오일을 혼합해 치즈를 작은 케이크 형태로 요리한 '글리시나스(glicinas)'를 즐겨먹었다고 기록되어 있다. 1494년 프랑스의 인본주의자인 프랑수아 라블레(François Rabelais)는 와인과 빵, 치즈의 관계에 대해 "식탁 위의 삼위일체(Trinity)"라고 표현하였다. 1957년 영국의 요리여행작가 페이션스 그레이(Patience Gray)는 "와인이 모든 음료 중에서 으뜸이듯 치즈는 아마 모든 음식 중에서 으뜸일 것이다"라고 치즈를 평가했다.

그러면 독자들이 가장 궁금해 하는 것 중 하나인 "어느 와인과 어떤 치즈가 잘 어울릴까?"라는 질문의 답은 무얼까? 이에 관해서 따로 원칙과 기준이 정해져 있는 것은 아니다. 그저 여러 번 직접 먹어보면서 개인적인 경험으로 맛의 조화를 알아

내는 것이 최적의 해답이다. 물론 해답을 얻기까지 너무 많은 포도주를 먹어야 되는 것은 아닐까 하는 걱정도 든다. 치즈는 여러 종류의 재료들을 혼합해 만든 요리가 아니라 단순한 맛을 지닌 식품이기 때문에 와인과 잘 어울리는 치즈를 찾는 일은 비교적 어렵지 않다.

음식 간에 조화를 이루는 요소로 치즈에서는 조직감(texture), 향(smell)보다는 맛(taste)을 꼽는다. 또 와인에서는 유사성과 대조성, 또는 보조적 특성들을 꼽을 수 있다. 일반적으로 부드럽고 지방질이 많은 치즈는 유사성을 기준으로 할 때 부드럽고 약간 기름진 맛의 와인이 어울리는 반면, 산도가 높은 치즈는 대조성을 고려해 단맛이 있는 알코올성의 와인과 잘 어울린다. 짠맛이 강한 치즈에는 짠맛을 완화시켜 줄 수 있는 산도가 좋은 와인이 잘 어울린다. 숙성기간을 고려했을 때 오래 숙성한 치즈는 와인의 풍미가 강한 치즈와 어울린다.

치즈는 무조건 레드 와인과 섭취해야 한다는 것은 잘못된 생각이다. 대개 식사를 마치고 난 후 자연스럽게 와인, 특히 레드 와인이 함께 제공되는데 반드시 치즈와 레드 와인이 잘 어울리기 때문은 아니다. 단지 치즈와 함께 먹는 데 있어 단맛이 적은 화이트 와인을 다시 마시기 어렵기 때문이라고 한다. 사실 치즈는 레드 와인보다는 화이트 와인과 더 잘 어울린다고 볼 수 있다.

많은 책에서 치즈와 어울리는 와인을 소개하고 있으나 해당 지역민들이 주로 전통적으로 즐겨먹는 와인과 치즈의 조합을 선택하기 때문에 해당 지역에서 생산된 포도주와 치즈는 서로 잘 어울린다는 보편적인 사실을 기억해 두는 것이 바람직하다.

빵과 치즈는 어떻게 조화를 이룰 수 있을까? 치즈가 감미로울수록 흰색일수록 짠맛이 덜할수록 빵과 잘 어울리며 발효크림을 사용한 빵인 경우에는 이미 낙농식품의 풍미를 가지고 있으므로 더욱 강한 맛을 지닌 푸른곰팡이로 숙성한 치즈가 잘 어울린다.

레드 와인 / 치즈 종류		포트	셰리	진판델	시라	산지오베제	피노누아	돌체토	카리냥
아시아고		🍷	🍷	🍷		🍷		🍷	🍷
체다	not sharp		🍷				🍷		
	earthy			🍷	🍷				
	sharp								
에담								🍷	
에멘탈		🍷	🍷		🍷				
폰티나	semi soft							🍷	🍷
	semi hard		🍷			🍷			
가우다	semi soft							🍷	
	semi hard		🍷					🍷	
그뤼예르			🍷	🍷			🍷		
몬테레이잭	semi soft								
	semi hard		🍷	🍷	🍷	🍷	🍷		🍷
파르마산		🍷	🍷	🍷		🍷		🍷	
프로볼로네	semi soft							🍷	
	semi hard								
스위스		🍷	🍷						🍷

[표1] 레드 와인과 어울리는 치즈

레드 와인 치즈 종류		포트	셰리	진판델	시라	산지오 베제	피노 누아	돌체토	카리냥
블루 치즈	semi soft		🍷	🍷				🍷	
	salty	🍷	🍷						
브리 치즈						🍷	🍷	🍷	
까망 베르	cow's milk					🍷	🍷	🍷	
	goat's milk						🍷	🍷	🍷
크로틴							🍷		🍷
크롤리	semi soft			🍷	🍷			🍷	
	semi hard								
산양 치즈	fresh				🍷		🍷	🍷	🍷
	semi hard					🍷			
고르곤졸라		🍷							
모짜렐라						🍷		🍷	
리코타						🍷			
면양 치즈	semi soft					🍷			🍷
	semi hard		🍷		🍷	🍷			

[표2] 레드 와인과 어울리는 치즈

91

화이트 와인 치즈 종류		샤르도네	게뷔르츠트라미너	리슬링	소비뇽블랑	세미용	스파클링와인	디저트와인
아시아고			♟	♟			♟	♟
체다	not sharp			♟				
	earthy	♟	♟				♟	
	sharp		♟	♟				
에담				♟		♟		
에멘탈			♟	♟				♟
폰티나	semi soft			♟		♟		
	semi hard		♟	♟				
가우다	semi soft			♟		♟		
	semi hard	♟	♟	♟			♟	
그뤼에르		♟	♟	♟				
몬테레이잭	semi soft	♟		♟				
	semi hard	♟	♟	♟			♟	
파메산			♟	♟			♟	♟
프로볼로네	semi soft			♟				
	semi hard		♟	♟			♟	♟
스위스			♟	♟				♟

[표3] 화이트 와인과 어울리는 치즈

화이트 와인 치즈 종류		샤르도네	게뷔르츠트라미너	리슬링	소비뇽블랑	세미용	스파클링와인	디저트와인
블루치즈	semi soft		🍷	🍷			🍷	🍷
	salty		🍷	🍷			🍷	🍷
브리 치즈		🍷					🍷	
까망베르	cow's milk	🍷					🍷	
	goat's milk				🍷	🍷		
크로틴					🍷	🍷		
크롤리	semi soft		🍷	🍷				
	semi hard		🍷	🍷				
산양치즈	fresh				🍷	🍷		
	semi hard		🍷	🍷				
고르곤졸라			🍷	🍷			🍷	🍷
모짜렐라								
리코타		🍷				🍷		
면양치즈	semi soft			🍷		🍷		
	semi hard	🍷	🍷	🍷			🍷	🍷

[표4] 화이트 와인과 어울리는 치즈

참고문헌

Markus Bühler-Rasom & Denise Schmid & Peter Stamm, The long journey to Kaltbach, Kontrast, 2010.

Patrick F. Fox, Cheese: Chemistry, Physics and Microbiology (2nd Ed.) vol. I & II, Chapman & Hall, 1993.

Patrick F. Fox & Timothy P. Guinee & Timothy M. Cogan & Paul L. H. McSweeney, Fundamentals of Cheese Science, An Aspen Publication, 2000.

Juliet Harbutt, Cheese, Willow Creek Press, 1999.

Kazuko Masui & Tomoko Yamada & Yohei Maruyama, French Cheeses, Dorling Kindersley, 1996.

Richard Kenneth Robinson, A Colour Guide to Cheese and Fermented Milks, Chapman & Hall, 1995.

R. Rubino & A. Surrusca, Formaggi d'Italia, Slow Food, 2009.

Laura Werlin & Andy Ryan, The All American Cheese and Wine Book, Stewart Tabori and Chang, 2003.

고동희·박선영, 『치즈로 만든 무지개-지정환 신부의 아름다운 도전』, 명인문화사, 2007.

김현욱·윤영호·박승용 외 11인, 『유가공학』, 선진문화사, 1999.

박승용, 『우유 생산과 가공』, 유한문화사, 2003.

배인휴·안종건, 『치즈과학과 제조기술』, 유한문화사, 2007.

박승용, 「치즈 제조와 숙성의 과학」, 천안연암대학 평생교육원, 낙농자조금관리위원회, 2008.

박승용, 「산양유가공사업추진을 위한 조사용약보고서」, 임실치즈농협, 2007.

박승용, 「임실치즈 역사와 비전, 한국 치즈산업의 미래」, 한불치즈세미나, 프랑스 대사관 주관, 2009.

웹사이트

http://www.bbzn.nz.ch (스위스 유가공기술학교).

http://www.imsil.hs.kr (임실고 스위스를 누비다).

http://www.andantedairy.com (미국 안단테 목장)

http://www.schaukaserei-engelberg.ch (스위스 엥겔베르그 수도원)

http://www.showdairy.ch (스위스 에멘탈 치즈)

http://www.schaukaserei.ch (스위스 아펜젤러 치즈)

http://www.lamaisondugruyere.ch (스위스 그뤼예르 치즈)

치즈 이야기

| 펴낸날 | 초판 1쇄 2012년 9월 20일 |
| | 초판 2쇄 2015년 12월 11일 |

지은이	박승용
펴낸이	심만수
펴낸곳	(주)살림출판사
출판등록	1989년 11월 1일 제9-210호

주소	경기도 파주시 광인사길 30
전화	031-955-1350 팩스 031-624-1356
기획·편집	031-955-4671
홈페이지	http://www.sallimbooks.com
이메일	book@sallimbooks.com

ISBN   978-89-522-1943-5   04080

085 책과 세계

강유원(철학자)

책이라는 텍스트는 본래 세계라는 맥락에서 생겨났다. 인류가 남긴 고전의 중요성은 바로 우리가 가 볼 수 없는 세계를 글자라는 매개를 통해서 우리에게 생생하게 전해 주는 것이다. 이 책은 역사라는 시간과 지상이라고 하는 공간 속에 나타났던 텍스트를 통해 고전에 담겨진 사회와 사상을 드러내려 한다.

056 중국의 고구려사 왜곡   `eBook`

최광식(고려대 한국사학과 교수)

중국의 고구려사 왜곡의 숨은 의도와 논리, 그리고 우리의 대응 방안을 다뤘다. 저자는 동북공정이 국가 차원에서 진행되는 정치적 프로젝트임을 치밀하게 증언한다. 경제적 목적과 영토 확장의 이해관계 등이 복잡하게 얽혀 있는 동북공정의 진정한 배경에 대한 설명, 고구려의 역사적 정체성에 대한 문제, 고구려사 왜곡에 대한 우리의 대처방법 등이 소개된다.

291 프랑스 혁명   `eBook`

서정복(충남대 사학과 교수)

프랑스 혁명은 시민혁명의 모델이자 근대 시민국가 탄생의 상징이지만, 그 실상을 아는 사람은 많지 않다. 프랑스 혁명이 바스티유 습격 이전에 이미 시작되었으며, 자유와 평등 그리고 공화정의 꽃을 피기 위해 너무 많은 피를 흘렸고, 혁명의 과정에서 해방과 공포가 엇갈리고 있었다는 등의 이야기를 통해 프랑스 혁명의 실상을 소개한다.

139 신용하 교수의 독도 이야기   `eBook`

신용하(백범학술원 원장)

사학계의 원로이자 독도 관련 연구의 대가인 신용하 교수가 일본의 독도 영토 편입문제를 걱정하며 일반 독자가 읽기 쉽게 쓴 책. 저자는 역사적으로나 국제법상으로 실효적 점유상으로나, 어느 측면에서 보아도 독도는 명백하게 우리 땅이라고 주장하며 여러 가지 역사적인 자료를 제시한다.

144 페르시아 문화

eBook

신규섭(한국외대 연구교수

인류 최초 문명의 뿌리에서 뻗어 나와 아람을 넘어 중국, 인도오
파키스탄, 심지어 그리스에까지 흔적을 남긴 페르시아 문화에 대
한 개론서. 이 책은 오랫동안 베일에 가려 있던 페르시아 문명을
소개하여 이슬람에 대한 편견과 오해를 바로 잡는다. 이태백이 이
관계였다는 사실, 돈황과 서역, 이란의 현대 문화 등이 서술된다.

086 유럽왕실의 탄생

김현수(단국대 역사학과 교수

인류에게 '예술과 문명' 그리고 '근대와 국가'라는 개념을 선사한
유럽왕실. 유럽왕실의 탄생배경과 그 정체성은 무엇인가? 이 책은
게르만의 한 종족인 프랑크족과 메로빙거 왕조, 프랑스의 카페 왕
조, 독일의 작센 왕조, 잉글랜드의 웨섹스 왕조 등 수많은 왕조의
출현과 쇠퇴를 통해 유럽 역사의 변천을 소개한다.

016 이슬람 문화

이희수(한양대 문화인류학과 교수

이슬람교와 무슬림의 삶, 테러와 팔레스타인 문제 등 이슬람 문화
전반을 다룬 책. 저자는 그들의 멋과 가치관을 흥미롭게 설명하면
서 한편으로 오해와 편견에 사로잡혀 있던 시각의 일대 전환을 요
구한다. 이슬람교와 기독교의 관계, 무슬림의 삶과 낭만, 이슬람
원리주의와 지하드의 실상, 팔레스타인 분할 과정 등의 내용이 소
개된다.

100 여행 이야기

eBook

이진홍(한국외대 강사

이 책은 여행의 본질 위를 '길거리의 철학자'처럼 편안하게 소요
한다. 먼저 여행의 역사를 더듬어 봄으로써 여행이 어떻게 인류
역사의 형성과 같이해 왔는지를 생각하고, 다음으로 여행의 사회
학적 · 심리학적 의미를 추적함으로써 여행에 어떤 의미를 부여할
것인가에 대해 말한다. 또한 우리의 내면과 여행의 관계 정의를
시도한다.

293 문화대혁명 중국 현대사의 트라우마 eBook

백승욱(중앙대 사회학과 교수)

중국의 문화대혁명은 한두 줄의 정부 공식 입장을 통해 정리될 수 없는 중대한 사건이다. 20세기 중국의 모든 모순은 사실 문화대혁명 시기에 집약되어 있다고 해도 과언이 아니다. 사회주의 시기의 국가 · 당 · 대중의 모순이라는 문제의 복판에서 문화대혁명을 다시 읽을 필요가 있는 지금, 이 책은 문화대혁명에 대한 안내자가 될 것이다.

174 정치의 원형을 찾아서 eBook

최자영(부산외국어대학교 HK교수)

인류가 걸어온 모든 정치체제들을 매우 짧은 기간 동안 시험하고 정비한 나라, 그리스. 이 책은 과두정, 민주정, 참주정 등 고대 그리스의 정치사를 추적하고, 정치가들의 파란만장한 일화 등을 소개하고 있다. 특히 이 책의 저자는 아테네인들이 추구했던 정치방법이 오늘 우리 사회가 당면한 문제를 해결할 수 있는 지혜의 발견에 도움을 줄 수 있을 것이라고 말한다.

420 위대한 도서관 건축순례 eBook

최정태(부산대학교 명예교수)

이 책은 도서관의 건축을 중심으로 다룬 일종의 기행문이다. 고대 도서관에서부터 21세기에 완공된 최첨단 도서관까지, 필자는 가능한 많은 도서관을 직접 찾아보려고 애썼다. 미처 방문하지 못한 도서관에 대해서는 문헌과 그림 등 가능한 많은 정보를 수집하려 노력했다. 필자의 단상들을 함께 읽는 동안 우리 사회에서 도서관이 차지하는 의미에 대해 다시 생각하게 된다.

421 아름다운 도서관 오디세이 eBook

최정태(부산대학교 명예교수)

이 책은 문헌정보학과에서 자료 조직을 공부하고 평생을 도서관에 몸담았던 한 도서관 애찬가의 고백이다. 필자는 퇴임 후 지금까지 도서관을 돌아다니면서 직접 보고 배운 것이 40여 년 동안 강단과 현장에서 보고 얻은 이야기보다 훨씬 많았다고 말한다. '세계 도서관 여행 가이드'라 불러도 손색없을 만큼 풍부하고 다채로운 내용이 이 한 권에 담겼다.

eBook 표시가 되어있는 도서는 전자책으로 구매가 가능합니다.

㈜살림출판사
www.sallimbooks.com
주소 경기도 파주시 문발동 522-1 | 전화 031-955-1350 | 팩스 031-955-1355